말로는
다 할 수 없어서

말로는
다 할 수 없어서

말로는
다 할 수 없어서

한 쪽 가슴 breast 을 보내고
더 큰 가슴 heart 을 얻은

두 친구의 유방암 이야기

박가빈 · 박송아 지음

흔흔

끝나지 않을 것 같은 길을
걷는 순간에도 햇살이 비추이고

꽃들도 피고,
별들도 반짝인다는 걸 전하고 싶다.

추천의 글

송아에게서 진단 소식을 처음 들었을 때, 어떤 말을 건네야 할지 알 수 없었습니다. 삼중양성 유방암 3기. 씩씩한 송아는 늘 담담하게 말했지만 이어지는 소식들은 무거웠고, '주님! 이건 진짜 좀 아니지 않아요?' 따지고 싶은 일도 적지 않았습니다. 그런데 그 시간 한가운데서 송아는 글을 쓰고 있었습니다. 손톱이 빠질 듯 아픈 날에도, 바닥에 주저앉아 울던 날에도, 병실에 스며드는 햇살을 보며 '살아있구나' 느끼는 날에도. 글을 써야 살 것 같았다는 그 절박함이, 이 책이 되었습니다.

진단 때도, 첫 항암에도, 수술 때도 병원에서 쉽지 않은 시간을 보내는 송아 옆에서 가방이라도 들어주어야지, 괜히 한 번 웃게 해줘야지 싶어서 많은 시간을 함께하려 했습니다. 게다가 오랜 환자 경력을 가진 내가 환자 마음을 잘 알지 싶었는데, 가까이 있었다 싶었는데도 몰랐던 마음이 여기 이 책에 담겨 있습니다. 역시 책의 제목처럼 말로는 다 할 수 없는 이야기들이 있습니다.

이 책에는 30년 지기 두 친구가 있습니다. 고3 교실에서 처음 만나 맥도날드에서 프렌치프라이를 나눠 먹던 소녀들이, 40대 후반에 같은 이름의 질병을 만났습니다. 같은 유방암이지만 다른 치료의 길을 지나온 두 사람. 그 다름이 이 책을 더 넓고 깊게 만듭니다. 환자가 느끼는 감정의 결, 치료의 현실, 곁에서 지켜보는 이의 무력감까지. 어느 한 사람의 이야기만으로는 담을 수 없었던 것들이 두 친구가 만나는 자리에서 비로소 완성됩니다.

이 책이 마음을 흔드는 이유는, 자신들이 암을 이겨낸 서사를 풀어내겠다고 나선 것이 아니기 때문일 것입니다. 송아는 암과 싸우겠다고 말하지 않습니다. 찾아온 손님을 잘 대접하다 고이 떠나보내겠다는 마음으로 치료를 견뎌냅니다. 가빈은 한쪽 가슴을 보내고서야 비로소 자신이 얼마나 많은 것을 가지고 있었는지 깨달았다고 고백합니다.

지금 이 순간에도 진단 결과를 기다리며 마음이 툭 떨어지는 누군가가 있을 것입니다. 항암 부작용 속에서 혼자 무너지고 있는 누군가, 그 곁을 지키면서 어떤 말을 건네야 할지 몰라 서성이는 누군가가 있을 것입니다. 이 책은 그 모든 분들에게 말합니다. 치료를 마친 뒤에도 삶은 계속되고, 그 삶은 이전보다 더 깊고 따뜻해질 수 있다고. 조용히, 그러나 아주

단단하게, 이 책을, 그리고 이 말을 건네고 싶습니다. 송아가 글머리에 늘 쓰는 말 "오늘 자 햇살이 도착했습니다."

이지선 (이화여자대학교 교수, 「지선아 사랑해」 저자)

❧

"오늘도 무사히, 오늘 몫의 생명과 빛의 조각이 배달되었다."

1년 반 동안 박송아 작가가 남긴 위 구절을 통하여 매일 당연해 보이지만 참 기쁜 사실을 알게 되었다. 더불어 기도하다 보니 감사하는 마음으로 하루가 시작되곤 했다.

어제까지만 해도 우간다 쿠미 학교 소식을 전하며 기뻐하던 박송아 작가의 그날 포스팅이 떠오른다. 암 진단 소식이 아닌, 이직이나 이사 소식을 알리는 듯한, 읽는 이들이 놀랄까 안심시키는 어조였다. 두 아이의 얼굴, 가족사진부터 떠올랐다. 매일 아침 기도 손을 모았다. "주님, 아직 때가 아닙니다. 데려가시면 안 됩니다. 분명히 살리실 터인데 치료 기간이 사랑으로 가득하게 하시고 주님 일하심이 선명하게 드러나는 시간 되게 하소서.”

기도에 질문이 보태졌다. 만약 암이라는 불청객과 원치 않는 조우를 한다면 우리는 무엇을 선택할 수 있을까? 상태와 투병의 양상은 저마다 다르다 보니 환자마다 ‘길 없는 길’을 새로 열며 헤쳐 나가야 한다. 박송아 작가만 해도 삼중양성 유방암이라는 까다로운 유방암이었고 검사 과정, 항암 과정은 초반의 예상보다 순탄하지 않았다.

칼날 끝을 걷는 듯 조심스러운 그 길 위에서, 두 작가는 ‘그럼에도 불구하고’ 기록하기를 선택했다. 얼굴도 모르는 미래의 환자들과 가족들을 떠올리며 기꺼이 시간과 마음을 내어놓았다. 나이가 들면서 유방암을 경험하고 일상에 돌아온 이들의 숫자가 점점 늘어났지만 투병의 실상을 제대로 알 수 있는 고백은 드물었다. 암과 싸우는 일이 기록할 만큼의 여유가 있는 여행일 수 없을 테니. 하지만 두 저자는 암과 분투를 벌이면서도 성실한 기록자가 되어 주었다.

머리카락은 줄어들었지만 하고 싶은 말은 늘어났고 그걸 놓치지 않고 적어나갔다. 암환자들에게 상처가 될 수 있는 서툰 말들 대신 어떻게 위로와 지지를 제대로 전할지 제안도 담았다. 두 저자의 분투 덕분에 나는 생존이란 단지 죽지 않

은 상태가 아니라 싸우고, 사랑하고, 앞으로 나아가는 '동사'
이자 적극적인 삶의 양태임을 깨달았다. 함께 기도하고 SNS
로 치료 기간을 지켜보며 나 역시 생과 사 사이의 상태를 더
잘 감각할 수 있게 되었다. 지나온 삶을 새로운 시각으로 돌
아보는 '성찰'과 오늘 몫의 생명을 온전히 바라보는 '응시', 고
통에 맞서는 '분투', 매일의 선택과 매일 힘겹게 옮겨 놓는 발
걸음들이 모두 삶이라는 꽃다발이었다.

이 책이 투병기로 납작하게 읽히지 않았으면 좋겠다. 두 저
자는 삶을 고통에 다 내어주지 않고, 마음과 시간의 추를 더
사랑하는 쪽으로 옮겨 놓았다. 차마 멈출 수 없는 사랑, 주어
진 오늘을 성실하게 채워가고자 했던 시도들, 그래서 가능했
던 연결과 만남이 모여 한 권의 책이 되었다. 피, 땀, 눈물이
담겼지만 그보다 더 큰 사랑과 생에 대한 찬사가 흘러넘치는
기록이다. 인간이란 어떤 상황에서도 빛과 사랑을 선택할 수
있음을, 가느다란 빛의 줄기를 따라 걸어 나올 수 있는 강인
한 존재임을 일깨워 주는 책이기도 하다. 주어진 생을 더 깊
게 사랑하고 싶은 이들, 각기 다른 모양의 어둠을 지나며 더
나은 선택을 하고자 하는 이들에게 기적처럼 가 닿기를 소망
한다.

윤성아 (콘텐츠기획자/작가)

황폐한 겨울을 지나, 핑크빛까지는 아니어도 언니와 함께할
희망찬 미래를 그리며 호기롭게 퇴사 의사를 밝혔던 어느 봄
날이었습니다.

"지요ㅠㅠ 나 문제가 있는 것 같아.
방금 유두에서 피가 났어. 어쩌지ㅠㅠ 너무 무서워."

언니가 보낸 짧은 메시지에서 알 수 없는 두려움이 느껴졌
습니다. 마음 한편으로는 50%의 가능성에 기대를 걸어보았
지만, 결국 언니는 유방암 진단을 받았습니다.

여섯 살이나 차이 나는 언니는 언제나 제게 최고의 멘토이
자 해결사였고, 저는 그저 어리광이나 부리던 철없는 동생이
었는데 어느 날 갑자기 저는 유방암 환자의 보호자가 되었습
니다. 언니의 왼쪽 가슴에 자리 잡은 커다란 덩어리를 마주
했을 때, 언니가 홀로 견뎌왔을 시간의 무게가 제 가슴을 짓
눌렀습니다. 그럼에도 제가 할 수 있는 일은 아무것도 없다는
무력감에 그저 무릎을 꿇을 수밖에 없었습니다.

보호자라는 이름으로 곁에 서 있었지만, 모든 치료와 회복
의 시간을 견뎌야 하는 사람은 오롯이 언니 한 사람이었습니

다. 저는 여전히 철없는 동생처럼 실없는 농담으로 언니를 웃게 해주는 것, 그리고 이 시련이 영원하지는 않다는 것, 이 일이 결코 언니의 잘못이 아니라는 것을 말해주는 것밖에는 할 수 없었습니다.

다행히 언니는 제가 생각했던 것보다 훨씬 강인했고, 자기 자신을 깊이 사랑할 줄 아는 사람이었습니다. 언니를 통해 '자기 자신에게 건네는 말', 즉 셀프토크가 외상 후 성장에 얼마나 강력한 힘을 가지는지도 알게 되었습니다.

그런 언니가, 송아 언니가 같은 진단을 받았을 때는 자기 일보다 더 많이 울고, 더 가슴 아파했습니다. 그래서였을 것입니다. 상기하고 싶지 않은 기억을 다시 꺼내 기록하는 일이었음에도 송아 언니의 책을 쓰자는 제안을 받아들였던 이유는. 이 책에는 말로는 다 할 수 없어서 끝까지 써 내려간 두 언니의, '같지만 또 다른 이야기'가 담겨 있습니다.

가빈 언니는 말합니다. 아픔에만 머물지 않고 누군가에게 위로와 용기를 주는 사람이 되고 싶다고. 그 소망 하나로 마음을 다해 써 내려간 이 책이 고통의 시간 한가운데에 있는 분들, 그리고 곁에서 지켜보는 것밖에 할 수 없어 더 아픈 가족들에게까지 위로와 희망의 메시지가 되기를 바랍니다.

시련 앞에서 주저앉는 대신 '진단 이후의 삶'을 살아내기로 선택한 두 저자의 용기에 깊은 경의를 표하며, 슬프도록 아름다운 30년 지기 두 언니의 우정을 진심으로 응원합니다.

까칠한 흰동언니의 동생, 깜동 박지요
(E.mo.tion 교육연구소장/위파이교육협동조합 이사)

❧

'책을 읽었다'기보다 '그녀들이 살아낸 시간을 따라 걸었다'라는 게 더 적확한 표현일 것이다. 자신들이 만난 질병을 어떻게 바라보고 감각하며 의미를 새겼는지가 이 책의 모든 문장에 고스란히 스며들어 있다. 그만큼 마음의 무게가 느껴져 가볍게 읽어버려선 안 될 것만 같은 글이다. 진솔한 글 속에서 건져 올린 사유 역시 말할 수 없이 깊다.

이 책은 단지 암을 진단받고 이겨내는 것에 그치는 이야기가 아니다. '투병이라 말하고 싶지 않다'라는 저자의 결심처럼 인생을 살아내는 태도를 말하고 있는지도 모른다. 우리는 모두 예측할 수도, 통제할 수도 없는 불안한 삶의 한가운데 있다. 그렇다면 삶을 멈추게 하는 사건 앞에서, 어떻게 다시 일어나 '나'로 살아갈 수 있을까? 이 책은 그 지난하고도 단단한 여정을 때로는 아프게, 때로는 담담하게, 때로는 작가 특유의 위트로 말하고 있다. 죽을 거 같은 날도 한 줄기 햇살에서 환희를 찾듯 슬픔을 덮고도 남는 것은 결국 사랑임을 기어코 보여준다. 고통을 오롯이 감내한 사람만이 담을 수 있는 두 작가의 솔직한 언어가, 수많은 인생의 문제로 지친 독자들에게 따뜻한 위로가 되어주길 바란다.

아울러 그녀들의 더욱 당당해진 가슴이 설레는 시간을 더 많이 만들기를 기다리며.

김영숙 (MBN 〈나는 자연인이다〉 작가)
*「에필로그는 다정하게 씁니다」를 썼습니다.

목차 Contents

Chapter 2.

삼중양성 유방암 환자입니다   박송아

Chapter *3.*

두 가지의 결로, 질문에 답하다 박가빈 · 박송아

"작가님, 제게 살 힘을 주세요.
저 지금 너무 아프고 힘이 들어서...
수술 중 눈을 감고 싶은 마음이 들더라구요...
목표가 있으면 살 힘이 생길 것 같아서.
암 치료를 마친 제 친구와 함께 책을 쓰면 어떨까 해요."

2025년 2월. 6차 세포독성항암치료를 마치고 부작용으로 몹시 힘들던 날, 훈훈출판사 소재웅 대표님께 메시지를 보냈습니다.

형언할 수 없는 통증이 온몸에 계속되고, 근육이 빠져나가 거실에서 몇 걸음만 걸어도 숨이 차던 때였습니다. 다리가 풀리고, 말초신경병증으로 손발 저림은 극에 달하고, 손톱은 염증으로 들려있던 상태였어요. 이런 몸으로 수술과 방사선, 그리고 12회의 후항암을 마저 견뎌야 한다고 생각하니 막막했습니다. 이제 와서 돌이켜보면 가장 힘든 일은 지나가고 나아질 일만 남았던 시기지만, 그때의 저는 그 사실을 알지 못했습니다.

'수술 당일 마취를 하고 나면, 이제 다시는 눈을 뜨고 싶지는 않다'는 기도가 입 밖으로 쏟아지던 날, 소파에 올라앉을 힘도 없어 바닥에 주저앉아 울고 있었어요. 그때 둘째가 다가오더니 제 등을 쓸어내리며 말했어요.
"엄마, 어디가 아파? 어떤 게 힘들어? 나한테 말해봐. 다 들어줄게."
걱정스럽게 이야기하는 둘째의 목소리를 들으며, 번뜩 정신을 차렸어요. 나 한 몸 편하자고 눈을 감아버리면, 우리 아이들과 남편, 가족들, 나를 사랑하는 이들이 얼마나 슬퍼할지 눈에 선했습니다. 그런 마음은 버려야겠다고 생각했어요.

그렇게 하려면 가까운 시일 내에 성취할 목표가 필요했습니다. 그것이 책이라면 힘을 낼 수 있을 것 같았어요. 저보다 먼저 HER2 양성 유방암 치료를 받은, 단짝 친구 가빈이와 함께한다면 더 좋을 것 같았습니다. 그녀는 전절제술을 받았다는 사실을 제외하면 저와 아형과 병기, 치료 방법이 달랐지만, 그렇기에 더 풍성한 이야기를 담을 수 있을 것이라고 생각했습니다.

2022년 기준 데이터에 따르면, 유방암은 국내 여성암 발생률

1위, 전체 암 발생률 4위를 차지하여, 지속적으로 환자 수가 증가하고 있다고 합니다. 진료비 지출 1위에 올랐으며 전체 환자 수는 30만 명이 넘었습니다.

우리나라 유방암의 가장 큰 특징은 젊은 환자가 많다는 것입니다. 서구권에서는 주로 폐경 이후 여성에게 발병하지만, 국내에서는 환자 절반 이상이 40~50대예요. 2024년 국가암등록통계에 따르면 국내 유방암 발병 연령의 중앙값은 53세로, 서구권(60세 이상)보다 10년가량 빠르다고도 합니다.[1] 제가 요양병원에 입원해 있는 동안에도 젊은 환자분들을 많이 만났어요. 심지어 20~30대 환자분들도 적지 않았습니다.

왜 유독 한국에는 젊은 유방암 환자가 많을까요? 저는 왜 유방암을 만나게 된 걸까요?

음주, 흡연, 늦은 출산 및 모유 수유의 부족, 환경 호르몬 노출, 유전 요인, 생활 습관, 환경 요인 등에서 원인을 찾을 수 있다고도 하는데, 저는 당시 음주도 흡연도 하지 않았고, 모유 수유는 두 아이 도합 51개월이나 했거든요. 일하는 엄마라 아침, 저녁으로라도 아이들에게 안정감을 주기 위해서 그랬던 것도 있지만, 충분히 열심히 하면 유방암에 걸리지 않는다

---

1) https://www.mk.co.kr/news/it/11402492
    매일경제, '젊은 유방암' 늘어나는 한국...미국보다 10여년 발병 빨라져, 왜?

는 이야기를 들은 영향도 있었어요.

그러니 정확한 발병 원인은 알 수가 없습니다. 검색해 보아도 "정확한 원인은 아직 불분명하지만"으로 시작되는 문구가 가장 먼저 보여요. 하지만 분명한 건, 유방암 발병이 유례없이 증가하고 있다는 것과 발병 시기가 점차 앞당겨지고 있다는 사실입니다. 그래서 책을 내야겠다고 생각했어요.

이 책에 실린 제 글은 대부분 글쓰기 플랫폼 브런치에 썼던 글입니다. 그곳에 브런치북 〈그렇게 암환자가 되었다〉와 매거진 〈삼중양성 유방암 환자입니다〉를 연재했어요. 세포독성항암 후유증으로 손끝에 염증이 심해 손톱이 빠질 것 같이 아픈 날에도, 이제 정말 죽을 것 같던 날에도, 병실에 스며드는 햇살을 보며 살아있구나 싶은 마음이 들었던 날에도, 같은 병실에 있던 민겸[2] 씨가 병상에서 내려와 첫 걸음을 걸었던 날에도 글을 썼어요. 브런치 말고도 SNS에 거의 매일의 기록을 남겼습니다. 첫 머리에 이야기한 것처럼, 글을 써야 살 것 같았거든요.

혹시 치료가 원하는 대로 되지 않는다 하더라도, 이 흔적들이

---

2) 개인 정보 보호를 위해 가명으로 처리하였습니다.

저를 기억하실 분들께 조금이나마 위로가 되지 않을까 하는 생각도 들었습니다. 치료가 잘 되어 건강을 되찾는다면, 쉽지 않았던 치료 과정을 스스로 기억하여 건강을 지켜나갈 힘이 되어줄 거란 생각도 들었어요. 글을 쓰는 행위 자체도 힘이 되었지만, 무엇보다 브런치와 SNS의 글에 댓글을 달아주신 분들의 응원과 기도가 너무나 큰 힘이 되었습니다.

책을 본격적으로 엮기 시작하면서 가빈의 글을 읽게 되었어요. 30여 년을 만나온 친구임에도 불구하고 새롭게 서로를 깊이 이해하는 시간이었습니다. 같은 아픔을 통과한 길을 돌아보며 앞으로 함께 걸어갈 삶에 대해서도 더욱 소망하게 되었어요. 제게 가빈의 글이 그랬듯, 40대 후반 유방암을 만난 저희의 이야기가 지금 유방암을 치료하고 있는 분들, 그 가족분들, 사랑하는 이의 치료를 곁에서 지켜보고 있는 분들께 조금이라도 도움이 되기를 바랍니다.

어떤 경로와 상황으로든, 유방암이 삶에 성큼 다가온 분들을 응원합니다. 우리 같이 걸어요!

2025년 2월
박송아

*라온하제 '즐거운 내일'이라는 의미의 순 우리말

Chapter 1

올 거야 라온하제!

박가빈

45세 봄, 희망을 꿈꾸고 싶던 어느 봄날이었습니다.
제2의 인생을 시작하고 싶었던 시기.
꿈에서조차 상상해 본 적 없던 일이,
왼쪽 가슴에서 시작되었습니다.

암을 만난 이후 알고 싶었던 것은
암을 겪고 표준치료를 마친 누군가가, 그 시간이 너무나
힘들었지만 잘 지나왔고 지금은 언제 그랬냐는 듯 건강하게
잘 살고 있다는 이야기였습니다. 암이 가져다준 불행한
시간들도 있었지만 이후의 삶이 달라져 이제는 행복하게
살고 있다는, 그런 이야기를 듣고 싶었습니다.

이제 막 암 진단을 받아 두렵고 슬픈 분들,
암을 치료 중인 환우 분들, 그리고 현재를 살아가느라
힘겨운 오늘을 보냈을 여러분께 조금이나마
위안과 응원이 되기를 바랍니다.

1. 이런 경우는 ……

내 삶에도 생기는 경우의 수

45세, 봄.

K대 창업경영대학원에 들어가고 두 번째 학기가 시작되었다. 나는 K-Startup(중소벤처기업부 산하 창업지원 기관)에서 진행하는 예비창업패키지에 선정되기 위해 사업계획서를 준비하고 있었다.

11년간 다녔던 직장은, 4년 전 겨우 마침표를 찍은 뒤였다. 돌아보면, 참으로 미련한 시간이었다.

퇴사에 대한 욕구는 입사 3년 차를 시작으로 홀수 연도마다 찾아오더니, 7년 차부터는 매일이 지옥 같아서 출근길을 갈지자로 걸어가며, 전철역에서 10분이면 도착할 거리를 30분 넘게 서성거리기 일쑤였다.

그럼에도 퇴사는 쉽지 않았다.

나의 30대를 통째로 바친 회사였건만, 퇴사 후 내게 내용증명을 보내겠다는 말까지 들었으니 참 엿 같았다.

나는 직장이 '연애' 같다고 비유하곤 했는데, 지독하게도 얽힌 더러운 인연이었다. 돌이켜보건대, 그 시기가 나를 아프게 만든 원인(암 발병)을 제공한 시기라고 생각한다.

사표를 집어던진 후, 11년간 꿈꿔왔던 일본 생활을 시작했다.

늦은 유학이었지만 꼭 이루고 싶었던 소망이었고, 말 그대로 '꿈'이었다. 직장생활 동안 나를 지탱해 온 것은 숨이 막힐 때마다 찾아갈 수 있었던 일본이라는 장소가 주는 안도감이었다. 역사적으로 뒤얽힌 한국인으로서의 울분과 아픔과는 별개로, 그곳이 주는 매력이 나를 숨 쉬게 했다.

지금의 아이들은 대학 진학 전 자신의 적성을 충분히 살피고 다양한 경험을 하지만, 우리 때는 그렇지 못했다. 강남8학군에서 초중고를 나오는 학창 시절 내내 나의 목표는 오로지 대학 하나였다. TOP3로 손꼽는 대학에 가지 못하면 실패한 인생이라고 믿었다. 그래서 성적에 맞춰 학교를 고르고, 생각지도 못한 전공을 선택하게 되었다. 그러다 보니 졸업을 하고

서도 진로에 대한 갈피를 잡지 못했다.

졸업 후 푸드스타일링과 요리 공부가 하고 싶었지만 유학을 가는 것은 겁이 났다. 대학 4년간 뒷바라지를 해주신 부모님께 또다시 유학을 보내달라고 하자니, 차마 입이 떨어지지 않았다.

동생은 대학 시절 도쿄로 어학연수를 다녀왔다. 그녀의 어학연수를 계기로 우리 자매의 삶 속에는 일본에 대한 갈망이 깊게 들어오기 시작했다. 그녀는 결국 오사카로 워킹홀리데이를 떠났고 나는 휴가만 생기면 동생을 만나러 일본에 가곤 했다. 우린 일본 전역을 참 많이도 여행했다. 일본의 음식, 그곳에서만 살 수 있는 물건, 손님을 대하는 태도, 가는 곳마다 깨끗한 풍경들이 마음을 사로잡았다.

그렇게 약 40회 정도 일본 여행을 하다 보니 독학으로 일본어를 습득하게 되었다. 지긋지긋한 회사를 퇴사하고 싶을 때마다, 일본에서 한달살이라도 하고 싶다는 마음이 점점 자라났다. 관광이 아닌 현지 생활을 하고 싶었다. 그러나 워킹홀리데이를 할 수 있는 나이는 이미 지나, 일본에 체류할 수 있는 방법은 어학연수뿐이었다. 그렇게 20대에도 못해봤던 어학연수 길에 올랐다. 호기심이 이는 한편, 내가 번 돈으로 공부를 하러 간다는 사실이 무엇보다도 자랑스러웠다.

하지만 막상 일본에서의 생활이 꿈만 같지는 않았다. 일본인들의 사고방식과 그들의 문화를 접하면 접할수록 실망감을 감출 길이 없었다. 좋은 것을 혼자 보고 맛있는 것을 혼자 먹다 보면 나도 모르게 눈물이 났고, 그렇게 바라던 생활을 당장 접고 집으로 돌아가고 싶었다.

그러다 어학원에서 새롭게 만난 각국의 친구들(친구라고 하기엔 스무 살 가까이 차이가 나는 이들)이 나를 '엄마'라고 부르기 시작했고, 고민거리를 상담해오곤 했다. 혼자라서 외롭기만 한 일본 생활이었는데, 귀국할 무렵이 되니 친구들과의 이별이 오히려 쉽지 않았다. 인생의 어떤 만남도 우연은 없었고, 어떤 이별도 쉽지는 않았다.

> *"일생의 꿈인 줄 알았는데,*
> *그건 그저 하고 싶었던 일 중의 하나일 뿐이었다."*

귀국 후 한동안 하고 싶은 일도 없이, 뭘 해야 하는지도 모르며 시간이 흘렀다.
꿈을 이룬 사람은 더 이상 여한이 없어서 하고 싶은 것이 없는 줄만 알았는데, 무언가를 그토록 갈망해 본 적이 없는 내 삶에서 '일본 어학연수'는 버킷리스트 중에 하나일 뿐이었다. 실현할 수 없다고 생각한 것에 대한 막연한 환상 같은 것이었다.

40대의 중반이면 삶에 대한 의문이나 고민이 없을 줄 알았는데 아니었다. 나는 40년간 알지 못했던 부모님의 이면을 보았다.

우리 집의 경제사정은 손쓸 수 없을 정도까지 힘든 상황으로 치닫고 있었고, 나는 '집이 망한다는 것은 이런 것이구나.'라는 것을 느꼈다. 어디서도 떳떳하지 못한 기분이 들었다. 뒷심이 없다는 것은 이런 것을 말하는 것이었을까. 내가 어떤 상황에 놓여도 나를 지탱하고 받쳐줄 힘이 없다는 생각에 등이 시렸다.

뭘 해야 할지 몰랐고 뭘 하고 싶은지도 몰랐지만, 목구멍은 포도청이라 경력을 바탕으로 새로운 분야의 직장에 들어갔다. 적응은 어렵지 않았고 나는 맡은 바 역할을 다했다. 그러나 코로나로 사정이 어려워진 회사는 긴축재정이라는 이유로 인원감축을 감행했다. 나라고 예외는 아니었다.
120세까지 산다고들 하는데, 대체 남은 50~60년을 어떻게 살아가야 할지 가슴이 먹먹했다.

그래서 선택한 것이 대학원이었다. 이모작도 아닌, 인생의 삼
모작을 준비해야 할 시기라고 느꼈다. 누군가는 인맥을 쌓기
위해, 누군가는 사업의 확장을 위해 대학원을 택했을 것이다.
하지만 나는 달랐다. 그것은 조급함과 불안 속에서, 아주 조
금의 기대라도 걸어보고 싶었던 마지막 희망이자, 나 스스로
를 빠져나오게 할 유일한 돌파구 같은 것이었다.

그렇게 모든 것이 새로운 시작을 알리던 시기였다.
마음이 급했고, 할 일은 갑자기 늘었는데 시간이 없어 초조했
다.

이제 막 봄이 시작되어, 꽃을 피우려는 마음이 일렁이던 그런
날이었다.

내 삶에서는 상상조차 해본 적 없던 일이, 그날 왼쪽 가슴에
서 시작됐다.
희망을 꿈꾸고 싶던 어느 봄날이었다.

"이런 경우의 수는, 꿈에서조차 상상해 본 적 없었다."

2. 내 잘못인가요?

처음 그 상황을 맞닥뜨렸을 때, 너무 놀라 심장이 바닥으로 떨어지는 것 같은 감정을 느꼈다. 보통 일이 아니라는 것을 직감했다. 머리로 생각하기 전에 눈물이 먼저 떨어졌다.

동네에서 가장 큰 산부인과를 찾았지만, 유방외과가 따로 있는 곳은 아니었다. 마뜩잖았지만 답답하고 급한 마음에 일단 검사를 먼저 하기로 마음먹었다.

접수를 위해 찾아간 데스크 담당자는 분명 '출혈이 있는 경우, 유방촬영을 권하지 않는다'고 설명했다. 나는 출혈이 있었으므로, 진료실 앞 간호사에게 유방촬영은 제외하고 유방 초음파 검사만 진행하고 싶다는 의사를 표현했다. 그러자 대뜸 이런 말이 돌아왔다.

"유두 출혈은 유방암의 전형적인 증상이니 촬영과 초음파,
둘 다 해야 돼요. 데스크 간호사보다는 제가 더 잘 알겠죠!"
매섭게 쏘아붙이는 말이었다.

선택의 여지는 없어 보였다.

나는 그저 아파서 병원에 왔을 뿐인데, 왜 이렇게 죄인 취급
을 받는지 알 수가 없었다. 마치 내가 몹쓸 병에 걸려 생명을
연장하게 해 달라고 구걸하러 온 사람처럼 느껴졌다. 그리고
아직 겁이 나서 입 밖으로 꺼내지도 못한 그 단어를, 그녀는
너무도 선명하고 무례하게 입에 올리고 있었다.

그럴지도 모른다고 생각한 적은 있다. 하지만 나는 아직 어떤
검사도 받지 않았고, 아무런 진단도 내려지지 않은 상태였다.
그런데 이미 '당신은 유방암 환자'라는 통보를 받은 것이었다.

세상이 무너지면 이런 기분이겠구나 싶었다.
더 이상 하고 싶은 것도 없고, 삶에 별다른 애착도 없다고 생
각한 지난 몇 년간의 시간이 오히려 나를 비웃는 것 같았다.

"유방암"

초음파 화면을 보던 영상의학과 남자 선생님은 종이에 무언가를 써 내려갔다. 나를 한번 바라봐 주거나, 눈을 마주치거나, 조심스레 마음을 살피는 기색은 전혀 없었다.
"이런 경우는, 악성 종양일 가능성이 50%입니다."

오십.
우리는 그동안 '반(半)'이라는 말에 얼마나 긍정적인 의미를 두고 살아왔던가.
'시작이 반이다' '반만큼 왔다면, 다 온 것이나 다름이 없다' 모두 우리를 안심시키고 용기를 북돋우는 말들이었다.
그 '반'이라는 숫자가 이렇게 무서운 말인 줄은······.

상급 병원 진료를 요한다는 진단서를 받아 드는 장면은 주말 연속극에서나 보던 것이었다. 그런 드라마 같은 상황이, 내 눈앞에, 내 삶에 그대로 펼쳐졌다.

나는 이른바 5대 병원을 선택하지 않았다.
동네 산부인과에서의 친절하지 못한 태도로 마음이 상한 뒤, 자궁 내 용종 제거 수술을 했던 C병원이 떠올랐다. 수술 직전 교수님의 따뜻한 말 한마디와 손길, 간호사 선생님들의 세심한 보살핌이 인상적이었던 병원이었다.

이후 많은 사람들이 위로의 말을 건넨다며 전화를 걸어 던진 첫마디는 이런 질문이었다.

"어느 병원으로 했어?"

왜 5대 병원을 가지 않았느냐, 어느 교수가 일인자라더라, 유명한 데는 다 이유가 있다더라 등등.

좋은 정보를 주고 싶어 하는 말들이, 내게는 오히려 짐처럼 느껴졌다. (훗날 누군가가 암에 걸렸다고 이야기한다면, 이런 말들은 부디 삼가길 바란다. 환자와 가족들에게 부담만 될 뿐, 아무런 도움이 되지 않는다. 오히려 찝찝한 마음만 더 갖게 되는 말이다.)

이미 우리나라에는 유방암 표준치료가 어느 종합병원에 가든 잘 갖추어져 있다. 몇 시간을 대기하고 진이 빠진 채, 알현하듯 교수님을 만나 눈치 보며 치료를 받고 싶지는 않았다.

나는 평소 마음이 몸을 지배한다고 믿는 편이다.

내 마음이 편한 곳에서 치료 받고 싶었다. 그리고 그런 곳이라면, 깨끗이 나을 수 있을 것 같았다. 그래서 내 선택을 믿고, C병원을 찾았다.

그렇게 주치의 교수님과 인연을 맺게 되었다.

3. **나의 암을 바라보는 너**

나는 나를 꾸미는 것이 좋았다.

그렇다고 피부과 시술을 받거나, 성형외과에서 부족한 미모를 보완하는 것을 좋아한 것은 아니었다. 명품이 아니더라도 내가 원하는 스타일의 옷을 입고, 유행을 타지 않는 브랜드를 고르며, 피부를 가꾸고, 살이 찌지 않도록 조심하는 것. 그것이 내가 나를 꾸미는 방식이었다.

가슴에 대해 자부심을 가졌다고 말할 정도는 아니었지만, 체형에 알맞은 크기였고 성형을 생각해 본 적도 없었다. 그래서 가슴 성형을 간절히 원하는 여자들의 마음을 솔직히 이해하지 못한 것도 사실이다.

그런 내 가슴에 아주 큰 문제가 생긴 것이었다.

어떤 치료를 받아야 하는지, 치료를 받으며 어떤 일이 생겨나는지, 치료가 끝난 뒤에는 또 어떤 모습의 내가 되어 있을지, 변화한 모습으로 남은 인생을 잘 살아갈 수 있을지. 겁이 났다.

처음으로, 웨딩드레스를 입어보지 못한 것이 후회되었다.

유방외과 주치의 교수님은 조선시대 양반가의 영감마님 같은 인자하신 인상에, 참으로 침착한 말투를 가진 분이었다. 촉진[1]을 하시며 종양의 크기가 크고, 모양이 예쁘지 않아 걱정이 된다고 하셨다. 겨드랑이 임파선에도 의심되는 멍울이 있으니 조직검사를 함께 해보자고 덧붙이셨다.

조직검사에 대한 후기를 찾아보았지만 도움이 되지 않았다. 누군가는 금방 끝났다고 했고, 누군가는 죽도록 아팠다고 했다. 모든 치료 과정에 대한 기억과 느낌이 천차만별이라, 나는 다른 사람들의 유방암 투병 후기를 더 찾아보지 않았다.

어떤 병원에 가서, 어디 검사실로 들어가, 무슨 치료를 받고, 어떻게 집에 돌아왔는지는 궁금하지 않았다. 그들이 검사와

---

1) 의사가 환자의 몸을 손으로 만져서 진찰하는 것

치료 이후 어떤 삶을 살아가고 있는지, 나는 그것이 궁금했다. 진단과 치료를 지나 어떻게 일상으로 돌아갔는지, 재발이나 전이 없이 얼마나 오랜 시간 잘 살아가고 있는지. 내가 궁금했던 것은 그런 것이었다. 하지만 그런 궁금증을 풀어줄 이야기는 도무지 찾을 수 없었다.

처음 겪는 조직검사는 생경했고, 무서웠으며, 기억에 남을 만큼 아팠다. 부분 마취를 했지만 먹먹한 느낌이 고스란히 전해졌고, 굵은 대못을 가슴에 꽂는 것 같은 감각이 느껴졌다. 겨드랑이 임파선에서 네 개, 왼쪽 가슴에서 다섯 개 정도의 조직을 떼어냈다.

울지 않으려고 했지만 눈물이 저절로 흘렀다.
'내가 왜 이 검사실에 누워 있는 걸까'라는 생각에 서러운 눈물이 자꾸만 흘러내렸다.

결과는 일주일 뒤에 나온다고 했다. 하지만 실제로는 더 지연되어 열흘이 다 되어갈 즈음 결과를 들을 수 있었다. 결과가 늦어진다는 병원의 전화는 또 한 번 마음을 들었다 놨다 했다. 생각보다 좋은 결과라 더 세밀하게 보는 것인지, 생각보다 나쁜 결과라 시간이 더 필요한 건지, 아니면 단순한 행정 착오인지. 알 수 없는 날들이 더해졌다.

돌아보면, 이 시간이 모든 치료 과정을 통틀어 가장 괴롭고 힘든 시간이었다.

잠을 이루지 못했고, 가까스로 잠이 들면 다시 눈을 뜨고 싶지 않았다. 살얼음판을 걷는 느낌이 이런 걸까 싶었다. 누구도 만나고 싶지 않았고, 그 어떤 말로도 위로가 되지 않았다. 가족조차 의지되지 않았다.

나는 사실…….
어떤 진단이 나오든 치료를 받고 싶지 않았다.

치료 과정을 이겨 낼 자신이 없었다. 모두가 힘을 내라고 말하겠지만, 그 모든 시간은 결국 혼자 견뎌야 한다는 것을 알고 있기 때문이었다. 그래서 모든 것을 여기서 그저 정리하고 싶다고, 동생에게만 솔직히 털어놓았다.

동생은 참 침착했다. 내가 그녀의 입장이었다면 가슴이 무너지고 복장이 터졌을 텐데, 그녀는 내 마음을 묵묵히 받아주었다. 자신은 내가 보지 않는 곳에서 그렇게 울고 다녔으면서도 말이다.

이 시기에 엄마를 비롯한 주변의 사람들은 내 앞에서 자주

울거나 속상함을 털어놓았는데, 나는 이상하게도 눈물이 나지 않았다. 그들의 아픈 마음을 이해하면서도 그 감정을 내게 쏟아내지 않았으면 했다.

하루는 엄마가 내 집에 찾아와 울고불고하면서 "네가 왜 그런 병에 걸려야 하냐."라고 말했다. 무수한 말이 맴돌았지만 하지 않았다. 엄마의 감정은 엄마가 알아서 해결하고, 나를 좀 강인하게 붙잡아 달라고만 대답했다.

그들의 눈빛과 눈물, 표정이 내게 말하는 것 같았다. 넌 이제 죽을병에 걸렸는데, 불쌍해서 어떻게 하냐고……. 나는 아직 내 안의 '암환자'라는 단어에 익숙해지고 싶지 않은데, 주변 사람들은 이미 나를 세상 끝자락에 세워 두는 것 같았다.

* 조직검사 후에는 통증이나 멍이 들 수 있습니다. 병원에서 붙여주는 반창고 테이프는 접착성이 강해 알레르기(접착성 알레르기)를 유발할 수 있습니다. 저는 약국에서 방수용 반창고 테이프를 따로 구매해 사용했고, 알레르기 반응이 심한 부위(상처 부위를 둘러싼 주변)에는 피부과 연고를 처방하여 발라주었습니다. 이틀 정도는 가급적 샤워를 피하는 것이 좋으며, 통증이 있을 경우 진통제를 복용하면 도움이 됩니다.

4. 암환자라는 명찰

계획할 수 없는 삶

9일 만의 검사 결과, 그리고 진단.

왼쪽 겨드랑이의 멍울은 암이 아니었고, 가슴의 암도 비침윤성 유방암 0기(HER2 양성)로 보인다는 교수님의 말씀에 비로소 참아왔던 눈물이 떨어졌다. 그러니까 당장은 다른 기저막을 뚫고 침투하는 성질이 없는, 상피 조직 안에만 국한된 '제자리암'이라는 뜻이었다. 물론 정확한 병기는 수술로 떼어낸 조직검사 결과에 따라 달라질 수 있다고 했다.

친절한 간호사 선생님은 등 뒤에도 눈이 달린 건지, 길고 떨리는 나의 호흡 소리 한 번에 바로 티슈를 눈앞에 내밀어 주셨다. 곧이어 크기가 5cm가 넘는 암이라 전절제가 불가피하다는 설명을 들었고, 왼쪽 가슴을 살릴 수 있을지도 모른다는 실낱같은 희망의 끈이 끊어졌다.

진료실에서 교수님의 첫 한마디를 듣는 순간이 얼마나 떨리고 무서운지, 겪어보지 않은 사람은 쉽게 가늠하기 어려울 것이다. 진료실에 들어서며 교수님의 표정을 한 번 살피고, 모니터를 바라보며 마우스 휠을 내리는 소리에 마른침을 한 번 더 삼킨다. 이내 목소리를 가다듬고 나를 바라본 뒤 떨어지는 첫마디. 그 순간의 심정은, 시험 성적표를 받아 들던 때의 감정에 만 배쯤을 더한 것과도 같았다.

수술 날짜를 잡자, 수술 전 검사가 줄줄이 기다리고 있었다. 혈액검사, 소변검사, 심전도, 흉부 X-ray 검사는 물론이고, 복부 및 폐 CT, 뼈스캔, MRI까지. 하루 종일 이어지는 검사 속에는 난생처음 해 보는 것도 있었다.

평소 약물 알레르기와 어지럼증이 있는 나로서는, 검사마저도 겁이 났다. 나는 피린계 진통제 알레르기가 있어 아세트아미노펜 성분의 진통제만 복용할 수 있었고, 마약성 진통제에도 알레르기가 있어 무통주사를 사용할 수 없었다. 이석증을 여러 번 겪은 뒤로는 어지럼증까지 남아 있는 상태였다.

조영제 알레르기에 대한 염려를 CT실 선생님께 말씀드리자, 그 분이 말했다.
"혹시 문제가 생기면, 여긴 병원이니까 바로 조치할 수 있어

요. 제가 업고 뛸 수도 있으니 편안한 마음으로 계셔도 됩니
다.”

어떤 말보다도 위로가 되고, 의지가 되는 말이었다. C병원의
의료진들은 마치 정서지능을 훈련받은 사람들처럼, 환자의
마음을 어루만졌다. 덕분에 병원에 갈 때마다 우리 가족은 위
로를 받았다.

MRI는 똑바로 누워 있어도 기계 소리가 시끄럽고 답답하다.
그런데 유방암 환자는 엎드려서 슈퍼맨 자세로 장시간 움직
임 없이 촬영에 임해야 한다. 심리적인 불안감에서 온 것인
지 몰라도 나는 촬영이 시작되지도 않았는데, 두 번이나 비상
벨을 눌러 촬영을 못하겠다고 호소했다. 동그란 통 속으로 들
어가면 더 이상 숨을 쉴 수가 없을 것 같았다. 설명할 수 없는
극한 공포가 밀려왔다.

검사실 문틈 사이로 동생이 나를 바라보고 있었다.
나는 금방이라도 울 것 같은 표정으로, ‘못하겠어.’라는 무언
의 말을 건넸다.

동생은 나를 가만히 바라보았다.
‘괜찮아, 괜찮을 거야. 할 수 있어. 알겠지?’
들리지 않는 말이 또렷하게 전해졌다.

아무 말도 나누지 않았지만, 나는 동생이 무얼 말하는지 알수 있었다. 동생의 위로 덕분에 마음의 안정을 되찾고 촬영을 시작했다.

장시간의 슈퍼맨 자세와 어지럼증 때문에 고개를 완전히 내려놓지 못한 채 검사를 진행해야 했고, 목과 어깨에는 경련이 일어났다.

며칠 뒤, 수술 전 다학제진료가 있었다.
환자를 대상으로 여러 전문의들이 협력하여 치료 계획을 수립하는 진료 방식이었다.

담당 주치의 교수님뿐 아니라 혈액종양내과, 방사선종양학과, 영상의학과, 핵의학과, 성형외과 등 여러 진료과 교수님들이 한 자리에 앉아 나를 기다리고 있었다. 나는 수술 방법과 사후 관리에 대한 질문을 준비해갔다. 수술만 빨리 끝내면, 이 상황도 별것 아니라는 희망과 기대가 약간 남아 있었다. 그런데 예상과는 다른 이야기들이 오갔다.

MRI 소견상 오른쪽 가슴에도 작은 혹들이 보인다는 것.
왼쪽 겨드랑이 임파선이 비정상적으로 비대해 보인다는 것.
그래서 초음파와 조직검사를 다시 진행해야 한다는 설명이 이어졌다.

만약 검사 결과, 오른쪽에서도 침윤성 암이 확인된다면 표적 치료를 권한다는 말도 덧붙여졌다. 수술 후에는 약제를 선택하기 어렵고 비용 부담도 크기 때문에, 표적치료가 필요할 경우에는 선항암을 먼저 시행한 뒤 수술하는 방법이 더 적절하다는 설명이었다.

내 마음은 다시 한번 무너졌다. 다른 누군가의 이야기를 듣는 것 같았다. 이 상황이 어떤 상황인지 순간 구분이 가지 않았고, 어느 시점에선 교수님들의 말씀이 귀에 들어오지 않았다. 그냥 모든 것이 꿈만 같았다. 왜 내가 이 자리에 앉아 있어야 하는지, 지금 무슨 이야기를 하고 있는지, 머리로도 마음으로도 이해가 되지 않았다.

MRI 촬영 사진 속 내 왼쪽 가슴에 가득 찬 암의 존재. 내가 외면한 시간만큼 아팠을 내 가슴. 그 시간들이 주마등처럼 스쳐 지나갔다.

여기까지 오는 것도 쉽지 않았다.
치료받고 싶지 않다는 마음을 접고, 큰마음 먹고 용기를 냈다. 그런데 또 더 큰 마음을 먹어야만 한다고, 누군가 나를 종용하는 것 같은 이 시간들이 너무나 가혹하게 느껴졌다.

K-Startup 예비창업패키지에 서류 합격을 하고 최종 발표만 남겨 둔 상태였다. 수술을 빨리 하고 일상으로 돌아가, 사업을 시작해야겠다고 마음먹었던 그 시간이 나를 비웃는 듯했다.

어떤 상황도 미리 계획할 수 없음을 인지한 그 순간, '절망'이라는 단어가 물밀듯이 나를 덮쳤다.

겁이 났다.

*"이토록 삶이 간절했는지 몰랐다…….
그렇지만, 이런 식으로 살고 싶은 것은 아니었다."*

* **비침윤성 유방암** 암세포가 유방 내 유관이나 소엽의 상피 내에 국한되어 기저막을 침범하지 않은 상태를 말하며, 흔히 0기암이라고 불립니다. 이는 암세포가 주변 조직으로 퍼지지 않은 초기 단계의 유방암을 의미합니다.

* **HER2 양성 유방암** 유방암의 한 종류로, 암세포 표면에 HER2 단백질이 과도하게 발현되는 특징을 가지고 있습니다. 이로 인해 암세포가 비정상적으로 증식하고 빠르게 성장하며 전이될 위험이 높습니다. 다행히 표적 치료제 개발로 치료 효과가 높아지고 있습니다.

* 유방암이 가장 흔히 전이되는 곳은 폐, 간, 뇌, 뼈 등으로 이러한 재발을 조기에 발견하기 위하여 유방암 치료 후에도 정기검진을 하게 됩니다. 뼈검사(Bone Scan)는 방사성의약품을 정맥주사한 후 3~5시간 정도 후에 검사를 시행합니다. 검사 당일은 임산부 및 5세 미만의 영유아와 가까이 하지 않는 것이 좋습니다.
CT 촬영 시, 조영제를 투여하면 불타는 느낌, 열감을 느낄 수도 있습니다. 이는 촬영 후 사라지는 증상이므로 크게 걱정하지 않으셔도 됩니다. 약물에 대한 알레르기가 있는 경우, 미리 의료진과 상의하시면 됩니다.

5. 사랑이라는 이름의 멍울

나를 살게도, 죽게도 하는 것

가장 힘든 순간을 이겨내도록 하는 존재가 '가족'이라고, 쉽게 생각할 수 있을 것이다. 그렇게 믿게 된 것은 우리가 드라마를 너무 많이 봐왔던 탓이다. 시한부 인생을 살아가는 주인공 곁에는 늘 강인한 엄마와 듬직한 아빠, 목숨을 바쳐서라도 살리고야 말겠다는 배우자가 있었으니까. 하지만 오십 가까이 살아오며 알게 된 것은, 실제는 드라마와 다르다는 사실이다. 그것은 내가 만들어 온 기대였고 환상이었다. 슬픈 현실이 아닐 수 없다.

살아가며 나를 가장 아프게 하는 것은, 어쩌면 가족일지도 모르겠다.

나는 누구 때문에 살아가는 것이 아니고, 누군가를 위해 이 상황을 견뎌내는 것도 아니다. 그저 나 자신을 위해 버티고 있는 것이고, 내 삶이 가능한 한 건강하고 편안하게 이어지도록 노력할 뿐이다. 그 사실을 잊지 않아야 한다.

암이라는 진단을 받았을 때 가장 받아들이기 힘든 사람은, 결국 당사자 자신일 것이다. 살아오며 했던 그 어떤 선택이나 생각이 지금 이 순간 '암'이라는 이름으로 내 몸에 나타날 것이라고는 예상조차 하지 못했을 테니까. 이 상황을 바란 적도, 상상해 본 적도 없었을 것이다.

상처는 받은 사람만이 그 상처를 인식한다. 그래서 아파하고, 치유를 원한다. 반면 상처를 준 사람은 자신의 잘못을 돌아보지 않기에, 늘 비슷한 말과 행동으로 실수를 반복하여 고통을 주곤 한다. 우리는 가족이란 이름으로, 친구라는 이름으로, 서로에게 얼마나 많은 상처를 주고 있는지.

암을 마주한 이후, 나는 종종 거울 앞에 서서 나 자신에게 말했다.

"그동안 이렇게 아픈 줄도 모르고 미안해. 이제는 정말 아낄게. 그러니 나를 좀 도와줘. 잘 이겨낼 수 있을 거야."

"여기까지 잘 버텼어. 정말 장하다. 고마워."

지금 이 순간 암과 마주하고 있는 누군가가 있다면, 다음 말들을 고려해주기를 바란다.

"힘내."

고맙지만, 가장 사양하고 싶은 말이다. 실로 가볍디가벼운 말이다. 입장 바꿔 생각해보자. 과연 힘이 나겠는가? 특별한 말을 해야 할 의무는 없다. 꼭 무슨 말을 해야만 상대에게 마음이 전달되는 것이 아니다. 그저 따뜻한 포옹, 손을 잡아주는 것, 등을 조용히 쓸어주는 행동만으로도 충분히 전달이 된다. 오히려 쓸데없는 말들이 비수처럼 꽂혀 상처를 남기곤 한다.

"언제까지 그래야 한대?"

내가 알겠는가. 나도 그만하고 싶다. 하지만 암이라는 질병에 한번 걸리고 나면, 잊고 싶어도 잊을 수 없는 것이 암환자라는 타이틀이다. 표준치료가 끝나고 정기검진만 받는 단계에 들어가더라도, 재발과 전이 가능성에 늘 불안하고 초조해야 한다. 이전과 같은 식습관, 생활습관, 일상생활은 지양해야 한다.

유방암 환자의 경우 체중 관리가 중요하다. 당연히 술을 마셔도 안 되고, 트랜스지방과 포화지방이 많은 음식, 패스트푸드나 가공식품의 섭취를 줄여야 한다. 설탕과 같은 단순당도 제한하고, 농축되어 있는 고함량의 건강식품도 삼가는 것이 좋다. 대신 콩, 생선, 두부와 같은 양질의 단백질과 잡곡, 채소와 과일 위주의 식사가 권장된다. 피해야 할 것들을 제외한 일반 식사를 하라고 하지만, 실제로는 선택지가 매우 좁아진다.

우리나라에서 삼겹살, 보쌈, 곱창, 돼지갈비 등은 너무 흔한 회식 메뉴이며 치킨, 햄버거, 피자, 소시지, 팝콘, 감자칩과 같은 음식들은 나 또한 진단 전에는 손쉽게 망설임 없이 먹어왔던 메뉴들이었다.

회식 자리에서 나는 늘 곁가지 음식으로 배를 채워야 했고, 왜 내가 삼겹살을 먹지 못하는지 설명해야 했다. 마음 한편이 씁쓸했지만 창피하지는 않았다. 다만 그때마다 돌아오는 “언제까지 그래야 한대?”라는 상대의 질문에는 어떤 표정을 지어야 할지 난감했다.

“어디에 암이 생긴 거야?”
여성암은 특히 상세한 치료 과정을 남자에게 설명하기 어려운 부분이 많다. 상대가 자세한 얘기를 먼저 하지 않는 한, 단

지 자신의 호기심을 만족시키기 위해 질문하지 말아 주기를
바란다. 환자에게 필요한 것은 적절한 치료와 마음이 무너지
지 않도록 지켜주는 정서적 안정감이다. 그럼에도 불구하고,
걱정이 되어 답답하다는 이유로 당장 통화를 요구한다거나
만남을 강요하는 무례함은 곤란하다.

응원의 의미로 선물을 보내기도 하는데, 일반인이 생각하는
건강기능식품은 환자가 섭취할 수 없는 경우도 적지 않다. 선
물하기 전 물어봐주는 배려가 도움이 된다.

"왜, 어쩌다 생긴 거야? 쯧쯧."

분명 불쾌하고 무례한 표현이다. 암이 왜 생겼는지는 담당 주
치의조차도 명확한 하나의 원인으로 설명하지 않는다. 또한
그 질문은 암환자 대부분이 치료를 받으며 가장 많이 곱씹게
되는 질문이다. '대체 왜, 어쩌다가, 이런 몹쓸 병에 걸렸을까'
'살아온 시간 속 어떤 부분이 잘못되어 이런 병에 걸렸단 말
인가' 이런 질문을 안고, 수많은 고통스러운 치료를 이겨내며
살아가는 사람에게, 또 한 번 말로 죽이는 일은 하지 않았으
면 한다.

사실 내가 듣고 싶은 말은, 일반인이 쉽게 해 줄 수 없는 말일

지도 모른다.

암을 겪고 표준치료를 마친 누군가가, 그 시간이 너무나 힘들었지만 잘 지나왔고 지금은 언제 그랬냐는 듯 건강하게 잘 살고 있다는 이야기. 암 진단 이후 식습관을 철저히 유지했더니, 재발도 안 되고 오히려 다른 질병으로부터 자유로워져 누구보다도 건강하게 살고 있다는 이야기. 암이 가져다준 불행한 시간들도 있었지만 이후의 삶이 달라져 이제는 행복하게 살고 있다는 그런 이야기를 듣고 싶었다.

나 또한 언젠가는 지금 막 암 진단을 받아 두렵고 슬픈 사람들에게 그런 이야기를 전하고 싶다.

암을 만나기 전, 인생의 이모작과 삼모작을 준비하던 나는 50세, 60세가 당연히 다가올 미래라고 여겼다. '살아갈 수밖에 없다'는 생각에 불안했고 행복을 몰랐던 시간이었다. 지금은, '미래가 꼭 준비되어 있는 것은 아닐지도 모른다.'는 생각을 한다. 그래서 하루하루가 더없이 소중하다. 스스로 행복할 수 있는 일을 하고 싶다. 의미 있게 살고 싶다.

"살아갈 수밖에 없는 미래가 아닌, 살고 싶은 미래"

자신과의 대화를 통해 심리적 어려움을 극복하는 방법입니다. 자신의 생각을 객관적으로 바라보고, 긍정적인 자기 대화를 통해 마음의 상태를 개선하고 불안, 스트레스, 우울 등을 완화할 수 있습니다. 특히, 자존감을 높이고 긍정적인 사고를 돕는 데 효과적입니다.

6. 감정 없이 나의 암을 마주할 준비

두 번째 조직검사와 HER2 양성 유방암

다학제진료 이후 두 번째 조직검사 일정이 잡혔다. 한 번 해본 경험이 있으니 이번에는 덜 아플 것이라고 생각했지만 더 큰 아픔과 통증, 그리고 서러움이 온몸을 휘감았다. 결국 조직검사를 3분의 2 정도 진행하다가 울음을 터뜨리고 말았다.

'왜 이렇게까지 된 것인지.'
머릿속은 온통 그 생각뿐이었다. 한 번만 해도 버거운 검사를 두 번이나 받아야 하는 상황이 원망스러워 감정을 주체할 수가 없었다. 숨을 제대로 쉬지 못할 만큼 울어대자, 검사를 진행하시던 선생님이 가슴을 도닥이며 울음을 달래주셨다. 오른쪽은 왼쪽보다 조직 채취가 더 힘든 부위인 듯했고, 멍도 많이 들었으며 출혈도 이틀째까지 계속되었다.

또 한 번의 검사 결과를 기다리는, 이 피 말리는 시간을 조금이라도 덜 힘들게 견딜 방법이 있다면 좋으련만……. 살아오며 기다리는 시간이 힘들었던 기억이라고는 고작 두 번의 대학 시험 결과 발표 정도였던 것 같다. 그때는 그것이 인생의 가장 큰 기다림이었고, 결과에 따라 인생이 결정된다고까지 생각했으니, 삶의 큰 사건이었던 것이다. 하지만 암을 마주하며 보내는 기다림은, 그런 기다림과는 비교조차 되지 않았다.

암이라는 사실은 이미 분명해졌고, 이제 중요한 것은 이 암이 내 몸에 얼마나, 어디까지 퍼져 있는지였다. 나의 암을 감정이 아닌 이성으로 바라볼 준비의 시간이 필요했다.

일주일이 지나 검사 결과를 앞두고 나는 나의 질환에 대한 공부를 시작했다. HER2 양성 유방암은 어떤 것인지, 앞으로 필요한 치료는 무엇인지, 또 치료 중에 생길 수 있는 부작용은 무엇이 있는지. 내게 필요한 것은 감상적인 투병 후기가 아니었다. 주요 병원에서 시행하고 있는 각 표준치료법의 차이에 대한 정보, 의료진이 설명하는 내 암에 대한 객관적인 지식이었다. 그렇게 마음을 무장했다.

모든 것이 생각보다 덜 할 수도 있고, 더 할 수도 있다. 다시 한번 살아가보려는 힘을 내보자. 원인을 안다고 해서 지금의 결과가 달라질 리는 없고, 원망하고 서러워한다고 해서 암이 사라질 리도 없다. 이미 오른쪽 가슴에 조금이라도 문제가 있다면 근원은 모두 없애는 편이 나을 것이다. 그저 다른 장기들과 정신력이 앞으로의 치료를 잘 버텨주기만을 간절히 바라고 또 바랄 뿐이었다.

마음의 무장을 단단히 하고 검사 결과를 듣게 된 날.

오른쪽 가슴과 왼쪽 겨드랑이는 다행히 암이 아니라는 주치의 교수님의 말씀에, 안도의 눈물이 또다시 떨어졌다. 처음 조직검사 결과를 들은 날로 돌아온 셈이었고, 이제는 번복이나 별다른 이슈 없이 계획된 일정대로 수술만 잘 이겨내면 된다는 희망이 마음속에 움트고 있었다.

전절제 후 가슴 재건 수술을 하면 암 수술과 동시에 재건이 이루어지는 줄 알았지만, 성형외과 교수님은 1차로 확장기를 삽입한 뒤 2차로 보형물을 교체하는 추가 수술이 필요하다고 말씀하셨다. 암 수술 이후, 다른 진단이 나올 수도 있기 때문에 동시 재건을 바로 하지 않는 것이라고.

“다른 진단이 나올 수도 있기 때문에”

그 말이 뇌리에 박혀 불안감을 떨칠 수가 없었다. 수술 후 떼어낸 암조직의 검사 결과에 따라 병기가 더 올라갈 수도 있다는 이야기를 이미 여러 번 들었기 때문이었다. 수술이 끝난 뒤, 그 결과를 확인하기 전까지는 마음을 놓을 수가 없었다(떼어낸 암조직의 정밀검사 결과는 보통 수술 후 2주쯤 지나야 알 수 있다).

나의 헛된 바람이었다.
단 한 번의 수술로 모든 것이 끝날 것이라던 나의 믿음은.

암이라는 녀석을 내가 너무 쉽게 봤던 것이다.

* **HER2 수용체** 암세포의 표면에 붙어 세포의 성장과 분열을 촉진하는 신호를 보내는 수용체로 HER2 수용체 양성 유방암은 일반적인 암보다 진행이 빠르고 공격적인 특성을 보이며 유방암 환자의 약 15~20%를 차지합니다. 표적치료에 사용되는 약물로 트라스투주맙(trastuzumab, 허셉틴)이 있는데, 안트라사이클린(anthracycline) 계열의 약물과 함께 사용될 때 심장에 독성을 일으켜 후유증을 동반할 수도 있습니다. 하지만 트라스투주맙은 암세포만 공격하고 정상세포에는 피해를 적게 주는 표적치료제이므로, 사용 시 좋은 효과를 기대할 수 있습니다.

7. 암이라는 짐을 지고 징검다리를 건너서

마음을 치료하는 명의

우리 몸의 그 어떤 것도 괜히 존재하는 것은 없고, 저마다 분명한 역할과 기능을 지니고 있다. 그러나 생사의 갈림길에 서게 되면, 신체의 불균형이나 유방을 잃음으로써 생기는 상실감, 자신감의 저하, 일상생활의 불편함 같은 것들은 쉽게 고려되지 않는다. 그것들은 살아남은 이후에야 비로소 생각하게 되는 문제들이기 때문이다.

실제로 암 수술 이후 재건 수술을 선택하지 않았거나, 만족스럽지 못한 재건으로 인해 또 다른 상처를 겪는 암환자들이 적지 않다는 사실을, 나는 뒤늦게 알게 되었다.

나도 처음 유방암센터 주치의 교수님께 진료를 의뢰했을 때는 성형 재건을 누가 맡을지까지 신경 쓸 겨를이 없었다. 암인지 아닌지, 암이라면 어떻게 해야 하는지, 삶을 더 살아갈 수 있는지 없는지가 중요했을 뿐이었다. 성형 재건 같은 문제를 중심에 두고 병원이나 주치의를 선택하는 암환자는 아마 없을 테니까.

그런데 나는 '재건 성형 명의'로 유명한 A교수님이 수술을 해 주시게 됐다. 불행 중 다행이었다. A교수님은 의술도 뛰어났지만 마음까지 치료해 주시는 분이라서, 병원에 갈 때마다 기분이 한결 나아졌다.

처음 만난 날, 교수님은 엄마와 동생의 걱정까지 함께 덜어주며 흰 종이에 볼펜으로 그림을 그리기 시작했다.

"환자분이 지금 암이라는 커다란 짐을 지고 2m의 냇물을 건너가려는데, 예전 같으면 폴짝 뛰어서 건너가겠지만, 지금 그렇게 하다가는 앞으로 고꾸라져 물에 빠질 수 있어요. 앞에 놓인 징검다리를 하나씩 차근차근 건너가야 합니다. 하지만 그 냇물을 환자분 혼자 건너는 것이 아닙니다. 앞에 저와 의료진들이 있고, 뒤에는 가족과 환자분을 응원하는 사람들이 있어요. 저희는 늘 환자분을 위해 기도하고, 치료와 수술에 최선을 다할 겁니다. 그러니 너무 걱정하지 마세요."

감동이었다.

'이런 말을 해주시는 교수님이 또 있을까' 싶을 정도로 마음이 몽글해졌다. 이 병원을 선택한 것은 정말 잘한 결정이라고, 이렇게 좋은 주치의 선생님들을 만난 것도 복이라는 생각이 들었다. 가슴에서 처음 이상 징후를 느낀 날부터 지금까지 내 마음속에 쌓여 있던 깊고 뾰족한 슬픔의 응어리들을 교수님이 하나하나 깎아주고 녹여주시는 것만 같았다.

이제 정말 수술만 남아 있었다.

왼쪽 가슴에 있는 암 크기가 5cm로 비교적 컸지만 병기가 높지 않은 점도, 오른쪽 가슴의 혹들이 암이 아니라 선항암을 하지 않아도 된다는 점도 얼마나 다행인지 잘 알고 있었다.

불행 중 다행이라는 사실을 잘 알고 있었지만, 수술 전까지 마음이 쉽게 진정되지 않았다.

대학원 수업이 있는 날이면 나는 깊은 실의에 빠지곤 했다. 이전에는 아무렇지 않게 나누던 대화들 속에서, 나는 더 이상 할 말이 없었다.

그들의 걱정은 직장생활의 불만, 이번 학기 과제, 교수님의 수업 방식, 계절 이야기, 여행 이야기, 먹고사는 이야기였다. 그러나 나는 생과 사의 갈림길에 놓여 있었고, 이 슬픔을 함께 나눌 수 있는 사람은 없는 것 같았다.

인간은 전쟁터에서 중상을 입어도 곁에서 죽어나가는 전우를 볼 때는 아픔을 느끼지 못하다가, 병원으로 옮겨져 경상을 입은 환자나 사지가 멀쩡한 의료진을 마주할 때 비로소 고통을 느낀다고 한다.

더 이상 '아무 일 없는 건강한 일반인'으로 평생 돌아가기 어렵다는 사실을 받아들이고 나니, 지금까지 삶의 여러 부분에 불평을 늘어놓을 수 있었던 것조차 내가 건강했기에 가능했던 것임을 깨닫게 되었다. 그렇게 한동안은 '과거와 현재 사이에 생겨난 간극'으로부터 빠져나오기가 어려웠다.

불안한 마음이 밀려올 때면 일기를 썼다. 훗날 내가 모든 것을 돌아볼 수 있는 시간이 왔을 때 말해주고 싶었다.
"그래. 가빈아. 참 힘들었지만, 잘 견뎠어. 잘 해냈어. 충분히, 정말 충분히 너 자신을 아끼고 사랑해 준 인생이었어."
다른 누군가에게가 아니라, 나 자신에게 당당할 수 있도록. 그렇게 살아내자고 스스로에게 다짐했다.

그리고 가슴을 어루만졌다. 곧 영영 내 곁을 떠날 내 왼쪽 가슴에게 말했다.

"미안해. 이렇게 아픈 줄 모르고 너무 힘들게 해서. 다시 보기는 어렵겠지만, 떠나기 전에 부탁이 있어. 오른쪽 가슴과 내 몸은 꼭 지켜줘. 고마워."

그렇게 서럽게 울었다.

누군가로부터 받는 위로보다, 내가 나 자신에게 건네는 말이 더 큰 위로가 되었다. 앞으로도 이 슬픔과 고통을 오롯이 겪어내야 하는 존재는 결국 나 자신일 것이고, 이 감정은 그 누구도 완전히 이해해 줄 수 없을 것이기에. 그래서 나는 스스로를 위로하고 격려하는 방법을 배워야 했다.

* **나비포옹** 이 방법은 특히 트라우마로 인한 스트레스와 불안을 줄이는 데 효과적이며, 심리치료나 자가치유의 한 형태로 활용됩니다. 이 기법은 주로 외상 후 스트레스 장애(PTSD, Post-traumatic stress disorder) 환자들을 위해 고안된 '안구운동 둔감화 및 재처리(EMDR, Eye Movement Desensitization and Reprocessing)' 치료 과정에서 개발되었습니다. 그러나 최근에는 더 넓은 범위에서 정신 건강과 감정 조절을 위해 사용되고 있습니다.

8. 마지막일지도 모르는 준비

커다란 포부로 들어온 대학원, 그리고 새로운 미래를 준비하기 위해 시작한 정부 지원 사업까지. 모든 것을 올스톱해야 하는 상황이 되었다. 해보지 않았기에 어떤 시간이 기다리고 있는지 알 수 없었고, 이렇게 큰 수술은 처음이라 얼마나 어려울지, 후유증은 어떨지, 회복에는 또 얼마나 시간이 걸릴지 가늠조차 하기 어려웠다.

두 번째 조직검사 결과를 듣고 입원까지 남은 시간은 고작 4일이었다. 그런데도 초침은 마치 4주나 남은 것처럼 더디게 흘러갔다. 그 와중에 해야 할 일들은 유난히 많았다. 입원 전 집을 정리하고 병원에서 필요한 물건들을 챙겼다. 즐거운 마음으로 떠나는 여행 가방도 싸기 싫은데, 입원 가방은 왜 그렇게 필요한 것이 많은지. 다 쓰게 될까 싶으면서도, 막상 하나하나 들여다보면 모두 꼭 필요한 물건이라는 사실이 새삼 놀랍기까지 했다.

지금 잠들면 시간이 훌쩍 흘러, 수술을 마친 3일 뒤쯤에나 눈을 뜨고 싶었다. 하지만 한편으로는 또 시간이 흐르는 것이 두려웠다. 그럴수록 수술 날이 더 가까워지니까. 이 모든 과정을 결국 나 혼자 겪어내야 하니까. 이겨내야 하니까.

무서웠다.
겁이 났고, 어디까지 대비해야 하는지도 모르는 불안과 걱정이 물밀듯이 밀려왔다.

갑상선암을 시작으로 유방암, 자궁암까지 겪으신 한 환우가 수술을 앞둘 때마다 딸에게 재산 목록과 통장 비밀번호를 알려주며 마지막 인사를 한다는 이야기를 들은 적이 있었다.
이제야, 그 마음을 조금은 이해할 수 있을 것 같았다.

한편으로는 잘 지나갈 것도 같았다. 생각보다 괜찮을 것도 같았다. 그저 막연한 기대와 희망을 품고 싶었는지도 모르겠다. 겪어보지 않았고 평소 암이라면 무조건 '치료할 수 없는' '죽는' 병이라고 생각해서 그렇지, 이제 수많은 사람들이 암을 치료받고 있으니 나 또한 잘 치료되지 않겠는가. 조금은 긍정적인 생각을 마음에 담아 보았다.

입원 첫날.

수술의 필요성, 방법, 합병증, 예상 결과에 대한 설명을 듣고 서명하는 동의서, 마취에 대한 동의서, 수혈이 필요한 경우를 대비한 동의서, 내 병에 대한 내용을 추후 연구에 활용한다는 동의서까지. 참 많은 서류에 사인을 해야 했다.

수술 중 문제가 발생할 수 있으니 사전에 동의를 얻어 진행한다는 형식적인 내용이었지만, 사인을 할 때마다 왠지 펜을 쥐고 한 번쯤 머뭇거리게 되었다.

발생할 수 있는 상황들에 대비한다는 뜻이겠지. 결국 모두 컨트롤 가능한 범위 안에 있다는 말이겠지. 그렇게 최대한 긍정적으로 생각하려 애썼다.

코로나 이후라 보호자와 함께 입원할 수 없는 상황이었다. 그래서 묵직한 암병동 문을 사이에 두고 부모님, 동생과 헤어져 입원실로 들어왔다. 낯선 환경 속에서, 이제 정말 혼자라는 생각에 서러움과 우울감이 밀려왔다.

성형외과에서 수술 전 디자인을 했다. 내 가슴에 큰 밑그림을 그리는 작업으로, 수술 전까지 지워지지 않아야 했다. 이어서 수술 후유증에 대한 설명을 듣고, 또 한 번 동의서에 사인을 했다. 적힌 내용은 하나같이 걱정되는 말뿐이었는데, 그 와중에 "너무 걱정하지 않으셔도 됩니다."라는 전공의 선생님의 아이러니한 설명을 듣자 어안이 벙벙해져 쓴웃음이 나왔다. 나는 피린계 진통제와 마약성 진통제에 알레르기가 있는 특이 체질이었기에, 무엇보다 그 부분이 가장 걱정되었다.

3인실 가운데 베드는 병실 문 바로 앞에 위치해 있어 복도의 불빛이 그대로 들어왔고, 간호사 선생님들도 수시로 드나들어 좀처럼 잠들 수가 없었다. 평소에도 불면증이 있었지만 집에서 이 정도까지는 아니었다. 입원을 하고 나니 아무리 애를 써도, 한 시간 이상 깊이 잠들지를 못했다.

간호사 선생님이 뛰어다니는 소리, 옆 침대 환자가 끙끙 앓는 소리, 화장실을 오가는 소리……. 귀마개를 해 봐도 소용이 없었다. 아직 아무런 치료도, 수술도 시작도 하지 않았는데 괜히 몸이 아픈 것 같았다.

새벽 2시 53분.
사지가 자유로운 시간은 끝이 났고, 정맥주사 자리에 바늘이 꽂히고 링거를 달았다. 커다란 환자복을 입은 내 얼굴을 거울로 보니 유난히 파리해 보였다.
거울 속의 낯선 이가 말하는 것 같았다.

"당신은 이제 정말 암환자가 되었습니다."

이제 내가 간절히 바라는 것은 이런 것이었다.

수술 전 진단과 다르지 않기를.
겨드랑이 임파선도 정말 문제가 없기를.
딱 왼쪽 가슴만 떠나 주기를.
내가 감당할 수 있는 상황이기를.
모든 슬픔이 끝나고 있기를.

나는 운이 좋다.
모두가 나를 응원하고 있다.
나는, 나는……. 잘 될 거다.
그렇게 스스로에게 되뇌어 보았다.

* 약물 알레르기

원인: 약물 알레르기 반응은 우리 몸의 면역 시스템이 특정 약물에 대해 과민 반응하기 때문에 나타납니다. 주로 진통제, 소염제, 아스피린, 항생제(페니실린, 설파제, 테트라사이클린), 항경련제, 조영제에 반응합니다. 약물에 자주 노출된 사람, 다량의 약을 복용하는 사람, 주사로 약물을 투여받는 사람, 알레르기나 천식 가족력이 있는 사람, 달걀, 콩, 조개 등 음식 알레르기가 있는 사람에게 발생하는 경우가 많습니다.

증상: 약물 알레르기는 발진, 발열, 오심, 구토, 설사, 근육 및 관절통, 임파선 부종 등의 증상을 보입니다. 심한 경우 혈액, 간, 신장, 폐 기능 장애 및 아나필락시스가 발생하기도 합니다. 아나필락시스는 전신 알레르기 반응으로, 즉시 응급처치를 하지 않을 경우 생명을 잃을 수도 있습니다.

9. **잃어버린 가슴(1)**

나는 진통을 잘 참는 편이었다. 산통보다도 힘들다는 요로결
석을 두 번 겪었고, 고된 직장생활 끝에 얻은 이석증도 두 번
을 앓았다. 오른쪽 무릎의 연골막이 찢어져 무릎이 구부러지
지 않는 통증도 견뎠고, 자궁 내 용종 제거 수술에서는 별다
른 통증을 느끼지 못했다.

그렇다고 내가 둔감한 사람이냐고 묻는다면, 그렇지도 않았
다. 나는 몸의 변화를 매우 예민하게 감지하는 편이었다. 그
래서 내 왼쪽 가슴에 암이 그렇게 크게 자라는 동안 아무것
도 느끼지 못했다는 사실이 오히려 어이없게 느껴졌다. 수술
후 그보다 더 놀랐던 사실은 암 수술의 통증이 어느 정도일
지 전혀 가늠하지 못하고 있었다는 점이었다.

체질상 마약성 진통제처럼 강한 진통제를 사용할 수 없었기

에, 통증의 대부분은 참고 견디는 것이 습관이 되어 있었다. 내 주변에 조금만 아파도 세상이 끝난 것처럼 자신의 고통을 드러내며 위로를 구하는 사람들이 있었는데, 나는 그런 모습을 보며 오히려 아픔을 표현하는 것을 스스로 경계했다.

보살핌을 받기 위해 나이에 맞지 않는 행동을 한 적은 없었다. 큰딸이었기에, 나이 차이가 많이 나는 동생이 있었기에 나는 늘 의연해야 했고 어른스러워 보여야 했다.

수술장으로 향하기 전, 핵의학과에서 유륜 주사[2] 를 맞았다. 병원에 입원한 순간부터 모든 바늘이 다 아프게 느껴지니, 참 희한한 일이었다. 채혈을 하든, 항생제 반응 검사를 하든, 주사 자리를 잡든, 모든 바늘에 대해 몸이 필요 이상으로 경계하는 것 같았다.

수술장 안쪽으로는 보호자 한 사람만 들어갈 수 있었다. 나는 일부러 엄마의 눈을 피했다. 나보다 더 겁을 먹고, 더 아파하며 눈물을 참지 못할 모습이 떠올라 마음이 도무지 놓이지 않았기 때문이다. 차라리 동생과 함께 들어가는 편을 택했다.

---

2)   유방암 수술 전 유륜주사는 주로 '감시림프절 생검(암세포가 첫 번째로 도달하는
     림프절인 감시림프절에 전이가 이뤄졌는지 확인하는 조직검사)'을 위한 목적으로 시행함.
     유륜에 방사성 동위원소 또는 색소 약물을 주사하는 것으로, 수술 중 림프절을 쉽게
     찾아내도록 도움

병실에서 체온을 다 재고 내려왔는데, 수술장 입구에서부터 열이 오르기 시작했다. 37.4도로 시작된 체온은 수술실에 도착했을 때는 37.8도까지 올라 있었다. 유방외과와 마취과 교수님은 수술 가능 여부를 두고 논의를 시작했다. 유방외과에서는 수술을 진행할 수 있다고 주장했지만 마취과에서는 코로나일지도 모르기 때문에 수술을 못한다고 했다. 수술실이 오염될 수도 있기 때문이었다.

같은 병실의 환자와 가족들에게 모두 인사하고 내려왔는데, 결국 수술장에서 쫓겨나 1인실에서 코로나 검사를 받고 결과를 기다리게 되었다. 한 시간 반가량을 대기했더니, 음성이라는 결과가 나와 다시 수술장으로 내려갔다. 그런데 이번에는 또 마취 시 사용하는 약물로 쇼크가 올 경우, 수술 중 개흉 상태로 중환자실로 옮겨진다는 설명을 들어야 했다. 정말 짜증이 났다.

이제는 좀 수술을 하고 싶었다. 그렇게 수술실에서 잠이 들었던 것 같다. 이상한 악몽을 꾸고는 수술 중 마취가 깬 줄 알고 "마취 깼어요. 마취해야 돼요."라고 힘겹게 말하자, "수술이 끝났어요."라는 간호사 선생님의 목소리가 들렸다. 회복실이었다.

사람들은 수술실에 들어가면 그렇게 춥고 떨린다고들 말한다. 그런데 나는 수술 후 마취가 깬 회복실에서 극한의 추위와 극심한 공포, 말로 설명할 수 없는 통증을 느꼈다. 어디가어떻게 아픈 것인지조차 분간할 수 없었다.

기어가는 목소리로 간호사 선생님께 물었다.
"마취할 때, 알레르기는 없었나요?"
그렇다는 대답이 돌아왔고 일단 안도의 한숨을 내쉬었다. 다행히 중환자실도 아니었고 회복실이었다.

수술은 끝났지만, 팔다리가 결박되어 어딘가에 매달려 있는듯한 기분이 들었다. 가슴 수술 후라 상의를 약간 일으켜 세운 상태로 깨어났는데, 동맥주사혈관을 지혈할 때에는 손목이 부러지는 것 같은 통증을 느꼈다. 이후 오른쪽 손목에는보라색 지도 그림이 그려졌다. 통증이 너무 심하다고 호소했더니, 마약성 진통제 알레르기가 있으니 진통제는 병실에 올라가서 맞으라는 대답이 돌아왔다. 그렇게 생으로 고통을 끌어안은 채 회복실을 나왔다.

수술실을 나오자 부모님과 동생의 모습이 희미하게 보였다.본능만 남은 나는 울부짖으며 엄마를 찾았고, 잘 나오지 않는목소리로 수술 결과부터 물었다.

“엄마⋯⋯. 나 어떻게 됐대? 겨드랑이 괜찮대? 유두는 살렸대?”
엄마는 내 얼굴을 쓰다듬으며 떨리는 목소리로 말했다.
“어, 겨드랑이 괜찮대. 유두도 살렸고, 수술이 잘 되었대⋯⋯. 걱정하지 마.”

너무나 듣고 싶었던 대답이었다.

뿌연 시야 너머로 걱정스런 아빠 얼굴과 놀랄 대로 놀란 동생의 모습이 보였다. 나는 소리 내어 엉엉 울었다. 너무 다행이었고, 아팠고, 서러웠다. 이성은 온데간데없고 본능만 남은 순간이었다.

사자처럼 울부짖으며 너무 아프다고, 나도 모르게 소리를 내어 울었다.

수술 후 병실로 옮겨졌을 때, 잠깐이라도 가족들의 위로를 받을 수 있다면 통증이 조금은 덜어질 것 같았다. 수술실을 나와 입원 중인 병동 입구에 도착할 때까지, 고작 5분 남짓한 시간 동안 가족의 얼굴을 잠시 봤다. 그리고 또다시 생이별을 했다.

병동 입구에 도착해서도 울음이 새어 나오는 것을 참을 수가 없었다. 간호사 선생님과 간호조무사 선생님들이 나를 들어 수술실 베드에서 입원실 베드로 한 번에 옮겼지만, 아주 작은 움직임에도 왼쪽 가슴에서 팔까지 모든 것이 찢겨 나가는 것 같은 통증을 느꼈다.

"환자분, 지금 하지 않으면 이따가 더 힘들어요. 그러니까 조금만 참으세요."

간호사 선생님의 말씀이 들렸다. 누워 있는 나의 왼쪽 팔을 환자복 소매에 끼워 넣는 순간, 팔을 통째로 찢어 어딘가로 가져가는 것만 같아서 차라리 정신을 잃었으면 좋겠다는 생각이 들었다.

마취에서 깨어나며 현기증이 났다. 왼쪽 발뒤꿈치와 꼬리뼈 부근에 이상한 통증이 느껴져서 간호사 선생님께 물으니, 수술 시 한 자세로 오래 있어서 그런 것 같다고 했다.

이제야 겨우 아세트아미노펜 성분의 진통제를 수액과 함께 맞을 수 있었다. 그런데 입자가 굵어서인지 약물이 혈관을 지나가는 느낌이 그대로 전해졌고, 그 또한 통증이었다.

엄마가 너무 보고 싶었다.
몸이 아픈 것도 아픈 것이었지만, 마음의 위안을 받고 싶었다.

내 인생에서 처음 마주한 암과 진단, 두 번의 조직검사, 결과를 기다리며 졸였던 마음, 하루아침에 한쪽 가슴을 잃어버린 상실감이 한꺼번에 몰려왔다. 마음이 갈기갈기 찢긴 채 수술실 바닥에 버려진 것 같은 기분이었다. 따뜻한 포옹까지는 아니어도, 누군가 내 손을 한 번만이라도 잡아주었으면 좋겠다는 생각에 눈물이 멈추질 않았다.

밤새 통증은 계속되었다. 아세트아미노펜 수액만으로는 통증을 충분히 잠재울 수 없었고, 나는 그 아픔을 고스란히 견뎌야 했다. 말로 설명하기 어려운 고통이었다. 지금까지 살아오며 겪은 그 어떤 통증과도 비교할 수 없었다.

숲 한가운데서 곰을 만나 가슴 한쪽이 통째로 뜯겨 나간 느낌이 이런 것일까? 떼어낸 자리마다 진통제가 들어가며 다시 아팠고, 겨드랑이는 특히 견디기 힘들었다. 꼼꼼한 주치의 선생님 덕분에 겨드랑이에서 조금이라도 의심되는 약 일곱 개의 조직을 모조리 떼어냈기 때문인지 통증은 더욱 극심했다. 찌르는 듯한 아픔이 겨드랑이를 타고 내려왔고, 왼쪽 가슴에는 각이 진 나무상자를 억지로 밀어 넣은 듯한 단단한 이물감이 느껴졌다.

누가 암 수술 중에서도 가슴 수술은 통증이 덜하다고 했을까. 무통주사를 맞을 수 있다면 얼마나 좋았을까.

그래도 견뎠다.

신기하게도 그런 통증조차 이틀째부터는 점차 옅어지기 시작했다. 인간의 몸은 참 대단하다. 사람이 견딜 수 있는 고통은 과연 어디까지일까. 장기 하나를 떼어내고도, 몸은 다시 견디고 그 통증을 이겨낸다.

극심한 통증이 잦아드는 듯하자 알레르기가 시작되었다.
나는 매일 간호조무사 선생님이 밀어주는 휠체어를 타고 성형외과 외래 진료를 보러 내려갔다. 상처를 꼼꼼히 살펴봐 주시는 교수님과 전공의 선생님, 이제는 제법 서로 얼굴을 익힌 간호사 선생님들의 친절한 보살핌에도 혼자 대기실 휠체어에 앉아 눈물을 훔치곤 했다.

그때 흘린 눈물은 아직 끝나지 않았다는 두려움, 자각하지 못한 채 여기까지 끌려오다시피 여러 산을 넘은 것 같은 황당함, 그리고 내가 왜 이 자리에 앉아 있는지 도무지 실감 나지 않는 생경함이 한데 어우러져 불쑥 솟아오른 것이었다. 설명할 수 없는 외로움이 밀어올린 눈물이었다.

집에 가고 싶었다.

배액관을 통해 흘러나오는 피는 여전히 빨갛기만 한데, 퇴원만 하면 갑자기 만세라도 할 수 있을 것 같았다. 가슴에 칭칭

감은 붕대도 모두 풀어 던지고, 아무 일 없다는 듯 시원하게
걸어 다닐 수 있을 것만 같은 착각이 들었다.

"마음의 위안을 받고 싶었다.
그냥, 내 손을 따뜻하게 잡아만 줬으면"

11. 병원생활(1)

텅 빈 마음과 내 편이 주는 위안

수술 후 함께 있던 3인실 환우 분들과 한 번의 이별을 겪고, 혼자만의 시간을 갖는 1인실 생활이 시작되었다.

3인실에서는 화장실에 다녀오는 사이 식사가 나오면 곤란한 상황이 벌어지곤 했다. 침대에 붙어 있는 탁자에 식판이 한번 놓이면(그 탁자는 90도를 회전하여 위아래로만 움직였다), 링거가 꽂힌 팔로 식판을 다른 곳으로 옮기고, 탁자를 내린 뒤 침상에 앉아, 다시 그 과정을 거꾸로 반복해야 했다.

그런데 1인실에는 무려 침대와 분리된 이동식 탁자가 준비되어 있는 것이었다. 더불어 나만을 전담해 주시는 간호사 선생님, 원하는 때에 환기할 수 있는 창문, 독차지할 수 있는 TV, 보다 넓고 푹신한 침대와 침구, 무엇보다 턱 없이 링거대를 끌고 다닐 수 있는 화장실까지. 비교적 조용한 환경 덕분에 밤에는 잠도 잘 수 있었다. 이런 모든 것들이 내 마음속 분노를 조금 누그러뜨려 주었다.

1인실에는 함께 있을 수 있는 보호자가 허락이 되었는데, 코로나 검사 결과가 있어야 입실이 가능했다. 연로하시고 허리 디스크 병력이 있는 엄마가 오시는 것은 아무래도 걱정이 되어, 결국 목디스크 병력이 있는 동생이 대신 오기로 했다.

마음이 좋지 않았다.
누군가에게 미안한 부탁을 해야 하고, 희생을 감수하게 하고, 내 뜻이 아닌 일을 하게 만드는 이 상황들이 참으로 불편하고 또 불편했다.

주말이 끼어 코로나 검사를 받지 못한 동생은 바로 올 수 없었다. 혼자 지내며 혜택을 누리니 몸은 한결 편안했지만, 마음의 외로움은 어쩔 수 없었다. 3인실에서는 밥을 먹을 때도 커튼 너머로 대화할 수 있는 말동무가 있어서, 덕분에 먹기 싫은 밥을 한 숟갈이라도 더 먹을 수 있었다. 하지만 혼자가 되니 병원 밥이 오기도 전에 비위가 상했다.

수술 후 5일째 되는 날, 실밥을 뽑았다. 상처 부위는 간지러웠고, 이따금씩 찌르르한 느낌도 났다. 교수님은 좋은 회복과 정이라고 하셨다. 6개월이 지나도 감각이 돌아오지 않는 환자도 있다고 하셨으니, 수술 후 경과는 환자마다 천차만별이라 예측하기가 어려운 것 같았다. 그래도 실밥을 뽑을 수 있을 만큼 상처가 아물었다는 것은 회복이 순차적으로 진행되고 있다는 뜻이었다.

입원 후 일주일이 되어, 혼자 있는 것이 점점 힘겨워지던 그때. 1인실 문이 열리고, 마침내 동생이 들어왔다.

마음 의지할 곳이 없던 병원에 '내 편이 있다'는 사실은 얼마나 큰 위안이 되던지. 동생은 병원생활의 오아시스가 되어 주었다.

밥을 같이 먹으니 밥맛도 한결 나아졌다. 동생은 내가 누울 때 베개를 받쳐 주었고, 산발이 된 머리를 땋아주었으며, TV를 보며 함께 웃고 얘기를 나눠 주었다. 그제야 비로소, 암환자가 아닌 나 자신으로 돌아온 것 같았다.

훗날 돌이켜보니 이 시기를 의료진이 하라는 대로만 따르는 '모범 환자'로 보냈다. 화장실을 갈 때 외에는 움직이지도 말라 해서 잠깐의 면회조차 나가지 않았고, 팔을 들지 말라 해서 팔꿈치 위로는 들지 않았다. 머리 감는 것조차 담당 교수님께 허락을 받고 머리 감는 서비스를 이용했다. 몸에 아주 작은 감각 변화나 통증이 있어도 지나치지 않고 그때그때 의료진에게 알렸고 필요한 처치와 약을 처방 받았다.

그런 모범 환자에게도 시련은 있었다. 상처가 아물어 갈 즈음, 주사 부위에 정맥염[3] 증상이 시작되었다. "혈관도 건강하지 못한 것 같다."는 외과 담당 교수님의 말씀과 "환자들이 처음엔 죽고 사는 문제로 힘들어하다가 나중엔 정맥염으로 힘들다고 하고, 그 다음엔 병원 밥이 맛없다며 고충을 토로한다."는 수간호사 선생님의 말씀이 조금 서운하게 들리기도 했다. 하지만 이 또한 나만 겪는 과정이 아니라는 사실이 한편으로는 위안이 되었다.

정맥염은 정맥투여가 이어지는 동안 계속될 수밖에 없었고, 이젠 수술 부위까지 간지럽기 시작했다. 평소에도 접촉성 알레르기가 있었기에 놀랍지는 않았다. 주사 부위를 고정할 때

---

3) IV 카테터(환자에게 약물, 수액, 영양소 등을 직접적으로 정맥에 전달하기 위한 필수적인 도구) 삽입이나 주사로 인해 정맥 내막에 발생하는 염증. 흔히 정맥주사요법과 관련된 합병증으로, 주로 정맥주사 부위의 통증, 붓기, 발적 등의 증상이 나타남

도 알레르기가 덜한 테이프를 사용했지만, 수술 부위는 어디가 어떻게 간지러운지조차 알 수 없었다.

(수술한 후에는 감각이 둔해져, 수술 부위의 통증이나 가려움의 위치를 정확히 느끼기 어렵다. 뜨거운 감각도 잘 느끼지 못하므로 온열기기나 찜질은 각별한 주의가 필요하다.)

수술 부위에는 감각이 없었기에, 배액관이 꽂힌 주변이 간지러운 것만 같았다. 정확한 원인을 알 수 없었고, 가려움이 극에 달할 때에는 온몸에 소름이 돋아 도저히 참을 수 없는 상태가 되곤 했다. 하지만 가려움을 가라앉히는 주사는 담당의 처방이 있어야만 맞을 수 있었기에, 밤잠을 설친 채 또 속수무책으로 견뎌야 하는 시간들이 이어졌다. 그 시간은 나를 몹시 지치게 만들었다.

배액관을 통해 수술 부위에서 나오는 배액량이 조금씩 줄어들면서 외과 교수님은 곧 퇴원할 수 있을 것이라고 말씀하셨다. 하지만 성형외과 교수님은 배액량이 극적으로 줄어들지 않고 투명해지지 않는 점이 마음에 걸리셨는지 선뜻 퇴원하라는 말씀을 하지 않으셨다.

'퇴원'이라는 단어를 한번 듣고 나니, 하루하루 병원생활을 견디는 일이 더없이 힘들어졌다. 퇴원 후 집에서 편히 쉴 형편이 안 되는 환자는 요양병원으로 전원을 가기도 하는데, 나는 집에 가고 싶었다. 비록 내 집은 아니고 일단 엄마 집에 가야 했지만, 그래도 '병원'이 아닌 '집'에 가고 싶었다.

중간 병원비를 확인해 보니 천만 원이 넘었다.
1인실 비용을 제외하더라도, 암환자로 산정특례 적용을 받는데도 이 금액이었다. 별도의 암보험이 없거나 형편이 어려운 환자들은 대체 어떻게 치료를 이어 간다는 말인가.

나는 선항암도 하지 않았고, 후항암이나 방사선 치료도 없었는데 이 정도였다. 더 높은 병기로 여러 치료를 통과해야 하는 환자들이 마음에 얼마나 큰 짐을 지고 있을지는, 겪어보지 않아도 짐작할 수 있었다.

나 또한 1~2년 전에 암이 찾아왔다면 치료받기 어려운 형편이었다. 집안 사정이 가장 어려운 시기에 암 진단까지 받았다면, 우리 가족은 아마 절망의 구렁텅이에서 빠져나오지 못했을 것이다. 진단을 받는 순간부터 치료비 걱정을 떨쳐버릴 수 없었을 것이고, 다인실이 불편하다고 한들 1인실로 옮기는 생각은 꿈도 꾸지 못했을 것이었다.

그런 상황이었다면, 나는 치료 내내 마음 한구석에 돌덩이를 없은 듯 답답하고 서러웠을 것이다. 생각만 해도 끔찍했다. 가슴에 생긴 암이 하루아침에 생겨난 것은 아니었겠지만, 적어도 돈 걱정 없이 치료에만 전념할 수 있는 이 시기에 몸이 신호를 보내 주어 다행이었다. 내 몸이 고맙고, 또 사랑스럽게 느껴졌다.

* **암환자 산정특례** 암으로 확진된 환자가 국민건강보험공단에 등록하면, 암 진료 시 본인 부담금을 낮춰주는 제도. 5년 동안 암 진료를 받을 경우, 요양급여 총액의 5%만 본인이 부담하면 됩니다.

결국 배액관을 제거하지 못한 채 퇴원을 하기로 했다.

퇴원 후에는 이틀에 한 번 성형외과 외래로 내원해서 배액관의 양상을 확인하고 상처 부위 드레싱을 했다. 집에서는 배액관을 통해 나오는 액체의 색이 검붉은 색에서 맑고 투명한 노란빛으로 변해 '오늘은 배액관을 제거할 수 있을지도 모르겠다.'는 희망을 안고 병원에 찾아갔지만, 정작 외래에서는 너무도 새빨간 피가 나와서 '배액관의 농락'에 기운이 빠졌다. 그렇게 수술 후 3주가 지나서야 배액관을 제거할 수 있었다.

그 작은 관 사이로 흘러나오는 액체의 색과 탁함에 외래를 갈 때마다 일희일비했고, 잠을 자다가도 눌릴까 봐 혹은 떨어뜨려서 빠질까 봐 조바심을 내곤 했다. 그런 긴장감에서 벗어나 더는 걱정하지 않아도 된다는 사실만으로도 몸이 한결 가벼워진 것 같았다. 배액관을 달고 있는 환자와 마침내 그것을 제거한 환자의 차이는 실로 놀라웠다.

수술 후 첫 유방외과 외래에서는 제거된 암조직의 최종 조직 검사 결과를 들을 수 있었다. 진단을 받을 때만큼이나 가슴이 떨리고 긴장되는 순간이었다. 최종 병기가 결정되면, 이후의 치료방향이 정해지기 때문이었다.

수술 전 진단과 마찬가지로 제자리암 0기.
침윤성 암이 1mm에 불과했다.

또 한 번, 가슴을 쓸어내릴 수밖에 없었던 상황.
'더 이상 지체해서는 안 된다'고 내 몸이 내게 알려주었던 신호. 임파선 전이도 없었고, 항암 화학요법이나 방사선 치료, 호르몬 치료도 필요 없는 상태였다.

교수님은 다른 치료들을 하고 있으면 무기가 생기는 것인데, 그 어떤 치료도 없이 지내는 것이 마냥 좋아할 일은 아니라고 말씀하셨다. 하지만 내게는 얻는 것보다 잃는 것이 더 많아 보이는 치료들이었다. 그 누구라도 피할 수 있다면 피하고 싶은 치료들일 것이다. 한편의 불안한 마음은 평생 내가 짊어지고 갈 또 하나의 '짐'이라는 것을 받아들일 수밖에 없었다.

그렇게 살아가야 한다는 일종의 체념이었다.

퇴원만 하면 아프기 전으로 돌아갈 수 있을 거라는 기대와 달리, 회복은 더뎠다. 몸에는 여러 부작용까지 나타났고, 내 마음은 가슴과 함께 붕대에 감긴 듯 점점 더 답답해져 갔다.

한 번 개흉을 하고 장기를 떼어낸 몸이라는 것을 잊지 말라는 듯, 참을 수 없는 통증이 있어 강도 높은 진통제를 먹어야 했고, 항생제 부작용으로 속은 늘 불편했다. 약해진 소화력과 붕대로 조여진 가슴 탓인지 체해서 물 한 모금도 넘기지 못하는 날도 있었다. 밤이면 발바닥부터 다리까지 저려 잠을 이루지 못했고, 비가 오는 날에는 통증과 가려움이 겹쳐 머리가 쭈뼛거릴 정도의 감각을 느꼈다. 하지만 그런 증상들을 피해 갈 수 있는 방법은 딱히 없었다.

누군가가 옆에서 왜 이런 증상이 지금 이 시기에 나타나는지 상세히 설명해 주면 좋았겠지만 그런 이는 없었다. 나는 마치 영원히 채점해 주지 않는 시험지를 혼자서 계속 풀고 있는 것 같았다.

수간호사 선생님보다도 잘 챙겨주는 동생, 삼시세끼를 챙기는 엄마, 도와줄 것이 없는지 살펴봐주는 아빠가 있었지만,

나는 부모님 집이 아닌 내 집으로 돌아가고 싶었다. 수술 후 3주가 지났을 뿐인데, 진단받은 시점부터 마치 반년이 흐른 것처럼 느껴졌다. 마음속에 쌓인 시간의 무게가 하루하루 나를 짓누르며 내 집에 대한 갈망을 키웠다.

건강할 때도 함께 사는 것이 쉽지 않았는데, 이제는 누군가의 도움 없이는 아무것도 혼자 하기 어려운 상태가 되다 보니 무거운 분위기와 아옹다옹하는 말다툼, 누군가의 한숨소리마저 모두 다 내 탓인 것만 같아 눈치가 보였고 한숨이 절로 나왔다.

그렇지만 분명히 나만 힘든 일이 아니었다.
내가 암이라는, 인생에서 전혀 예상하지 못했던 일을 맞닥뜨린 것처럼, 가족들 또한 그랬을 것이다. 부모로서 암에 걸린 자식을 어떻게 대해야 하는지는 마치 그들이 처음 부모의 삶을 마주했던 것처럼 막막했을 것이다. 아버지를 일찍 여읜 아빠로서, 중학교 이후 어머니의 사랑을 느껴보지 못한 엄마로서, 이 일은 그들에게도 또 하나의 커다란 시련이자 불행이었을 것이다.

하지만 내가 겪는 일이 너무 컸기에, 주변 사람들의 마음까지 헤아릴 여력은 없었다. 누군가를 원망하고 싶기도 했다. 왜 내가 이렇게 된 것인지, 나를 힘들게 했던 모든 것에 대해 화풀이를 하고 싶기도 했다. 이 모든 것들을 혼자 겪어내야 하는 것이 얼마나 힘들고 아프고 어려운 일인지 아느냐고, 목청 놓아 울고 싶기도 했다. "내가 살아야 가족도 있고, 친구도 있는 거지. 내가 죽으면 다 무슨 소용이냐."라고 누군가한테 따져 묻고 싶기도 했다.

그런 마음들이 가득했지만, 단 한 번도 그 서러운 응어리를 풀어내진 못했다. 살아오면서 진짜 내 속마음을 드러낸 적도 없었기에, 설령 말한다 해도 내 마음의 100%가 전달되거나 받아들여지지 않을 것이라는 것을 알고 있기 때문이었다. 그래서 나는 보아도 보지 못한 척 들어도 듣지 못한 척, 나만의 보호 장벽을 더 견고히 쌓아 올렸다.

살아가기 위해서였다.

14. 누군가에겐 감기 같은 일

준비되지 않은 몸과 자꾸만 앞서는 마음

퇴원 후 한 달쯤이 지나, 전절제를 한 왼쪽 가슴에 넣어둔 조직확장기에 식염수를 주입하기 시작했다. 보형물로 바꾸는 수술을 하기 전에 필요한 과정으로, 원래 가슴 크기 정도로 조직확장기에 식염수를 채워 가슴 근육을 서서히 늘리는 방법이었다. 진료하시는 교수님마다 또 환자마다 다르겠지만, 나는 2주에 한 번 예정된 주입량의 반절씩만 넣기로 했다.

그냥 물을 넣는 과정이라고 생각할 수도 있겠지만, 확장기 속 식염수 양이 늘어날 때마다 겨드랑이와 가슴이 당기고 아파 3~4일은 진통제를 먹어야 했다. 일주일쯤 지나야 그 상태에 익숙해지는 것 같았다.

수술 직후부터 착용하던 써지브라(Surge-bra)가 수술 부위를 압박하고 고정해 통증 완화와 붓기 감소에 도움을 주고 있었기 때문에, 속옷을 골라 입을 자유는 허락되지 않았다. 다른 사람들은 수술 후 약 2~4주 정도 착용한 뒤 스포츠브라로 바꿔 입는 모양이었지만 나의 주치의 교수님은 10주가 넘도록 입으라고 하셨다. 각자의 회복 정도와 림프부종 위험 등에 따라 달라지는 일이기에, 그 말씀에 토를 달지는 않았다. 그렇게 가슴 근육을 늘리는 데에만 11~12주 정도의 시간이 걸렸다.

참으로 무더운 여름이었다.
두껍고 답답한 써지브라와 달리 시원한 속옷을 입었을 때의 쾌적함, 팔과 겨드랑이를 자유자재로 움직일 수 있어 목으로 껴서 입는 옷도 입을 수 있는 자유, 병원 외래가 아닌 온전한 내 의지로 나갈 수 있는 외출, 사람 많은 곳을 혼자 다녀도 누군가와 부딪혀 수술한 가슴에 문제가 생길까 두려워하지 않는 마음, 오랜 시간 대학원 강의를 듣고 과제를 하고 시험을 봐도 통증이 없는 상체를 가졌었던 과거의 시간들은 내게 주어진 '복'이었다.

당연하다고만 여겼던 지난 일들이 얼마나 소중하고 감사한 것이었는지를 매일 되새기며, 그렇게 여름이 지나가고 있었다.

조금씩 기본적인 일상생활을 해 나가자, 겉으로 보기에는 암 진단 이전의 모습과 크게 다르지 않으니 주변 사람들은 내가 암환자였다는 것을 잊고 빠르게 일상으로 돌아간 것 같았다.

가족과 친한 친구 몇몇에게만 알렸던 내 병에 대해서 이제 겨우 병명을 말할 수 있는 상태가 되었는데, 그들이 감기 정도 앓고 지나간 것처럼 나의 암을 대하거나 자기가 살면서 가장 아팠던 순간을 빗대어 나를 이해한다고 말할 때면 쓴웃음이 지어졌다.

나 또한 내 삶의 어느 순간에 그랬을지도 모르겠다.
누군가를 이해한다고 건넨 위로의 말들이 온전히 그들의 마음에 닿지 못하고 허공에 부서져, 날카로운 칼이 되어 가슴을 후벼 팠을지도 모를 일이다.

죽을힘을 다해 극복해내고 있는 나의 이 시간들을, 어떻게 겪어보지 않고서 온전히 이해할 수 있겠는가.

내가 항암치료에 방사선치료, 호르몬 요법과 그에 따른 부작용까지 겪어 낸 암 환우들의 마음을 이해한다고 섣불리 말할 수 없는 것처럼, 사람은 결국 자신이 경험한 만큼만 이해할 수 있을 뿐이다.

생과 사를 넘나들며 늘 끝을 생각하고 지금도 그 끝이 어디인지 모르는 채 채점되지 않은 시험지를 들고 헤매는 사람의 마음을, 누가 함부로 이해한다고 말할 수 있을까.

* 보형물을 이용한 유방 재건은 크게 2가지가 있습니다.

1. 즉시 보형물 삽입술　유방 전절제술 후 남은 피부 양이 충분할 때 시행

유방외과에서 유방 전절제술을 시행하고 난 뒤, 수술하지 않은 가슴과 비슷한 크기의 보형물을 넣어 유방 모양을 복원하는 수술입니다.

2. 확장기 보형물 삽입술(2단계 확장기-보형물 유방 재건술)　유방 전절제술 후 절제된 피부양이 많거나, 전절제술을 이미 받으신 분들이 지연 복원을 원할 때 시행합니다.

유방외과에서 유방 전절제술을 시행하고 난 뒤 절제된 피부양이 많은 경우, 부족한 피부를 얻기 위해 보형물 대신 피부조직확장기를 넣고 수술을 종료합니다. 이후 외래에서 2-3주 간격으로 확장기에 식염수를 넣어 확장기를 확장시키면서 피부를 늘립니다. 피부가 충분히 얻어지면 2차 수술로 확장기를 제거하고, 반대측 가슴 크기와 비슷한 크기의 보형물을 넣어 유방을 복원합니다. 이미 전절제술을 시행하여 여유 피부 조직이 없는 지연 재건의 경우에도 1차 확장기 삽입술, 2차 확장기 제거 및 보형물 삽입의 2단계로 수술을 시행합니다.

15. 무너져버린 마음

난 이제 어떻게 살아야 할지 모르겠어

아프기 전, 나는 하지 않는 것일 뿐 못하는 일은 없다고 생각했다. 대부분의 일은 내가 컨트롤할 수 있다는 믿음과 그에 대한 자신감이 있었던 셈이다.

그러나 '암'을 만나고서야, 내가 얼마나 오만하고 나약한 존재였는지를 절실하게 깨달았다.

"대부분의 일은 내 영향권 밖에 있었다."

늘 귀 기울이고 눈여겨보고 조심하며 살아왔지만, 어느 날 갑자기 내 앞에 모습을 드러낸 질병.
준비의 시간도, 일종의 예고편도 없었다.
수술 후 6주, 퇴원 후 4주쯤 지나서야 마침내 나는 엄마 집에서 내 집으로 돌아왔다. 나만의 보금자리로 돌아오던 날, 동생은 울면서 엄마와 함께 돌아갔다. 아직 혼자 지내기에는 걱정스러운 상태였음에도, 혼자 있고 싶다는 나의 고집을 꺾지 못해 속이 상하고 화가 난 모양이었다.

울면서 돌아가는 동생의 뒷모습을 바라보다가, 나 역시 한참을 울었다. 하지만 언젠가는 반드시 돌아와야 할 일이었다. 삼시세끼를 스스로 챙겨 먹어야 하고, 한 손으로 불편한 집안일을 하고, 씻고 상처를 돌보는 일 또한 온전한 내 몫이 되겠지만, 그럼에도 마음만큼은 혼자 있는 것이 편안할 것 같았다. 그런 마음을 이해해 주지 못해도 어쩔 수 없는 일이었다.

무더위가 한풀 꺾인 어느 날이었다.
조직확장기에 넣은 식염수의 양이 이전 가슴 크기만큼 근육을 늘려준 시점이었다. 이제는 조금씩 암이라는 존재를 잊고, 마음의 안정을 되찾고 싶었다.

그때 난생처음 보는, 점보다도 작은 벌레들이 집 안에 보이기 시작했다.

나는 어린 시절의 불쾌한 기억 때문에 벌레에 대한 트라우마를 가지고 있다.

사촌오빠는 호환마마보다도 무섭다던 불법 비디오테이프를, 그것도 벌레가 등장하는 공포 영화를 이모와 이모부가 안 계실 때 틀어놓곤 했다. 그때 함께 보았던 장면들이 깊은 트라우마로 남아, 아주 작은 벌레라도 같은 공간에 있다는 사실을 인식하는 순간 온몸에 소름이 끼치고 다리가 굳어버렸다. 그 자리를 벗어나지 않으면 밤새 잠을 이루지 못하는 상태가 되었다.

처음엔 한두 마리였던 벌레들이 며칠 사이 집 안 곳곳에서 보이기 시작했다. 그리고 결국 침대 위에서 발견되었던 날, 나는 완전히 무너져 내렸다.

건강할 때에도 해결하기 난감한 상황을 지금의 몸 상태로는 도무지 감당할 수 없겠다는 생각에 머릿속이 하얘졌다. 집을 불태우고 싶다는 극단적인 심정까지 들었다. 가만히 누워만 있어도 힘든 몸, 바닥난 의지, 모든 문제해결력으로부터 한참 멀어진 것 같은 상태의 정신, 그리고 아직 누군가의 탓으로 돌리지 못한 마음속 응어리들이 한꺼번에 뒤엉켜 있었다.

내 집으로 돌아왔지만 혼자서 해결할 수 없는 일들이 계속해서 생겨났고, 그때마다 가족의 희생을 바라고 거추장스러운 일들을 부탁해야 한다는 사실이 나를 더욱 힘들게 했다.

결국 벌레가 침대를 장악한 날, 나는 다시 짐을 싸서 엄마 집으로 돌아갔다. 그리고 미친 사람처럼 울고불고 발광을 했다. "다 그만하고 싶어! 제발! 이제 좀 나를 놔두면 좋겠어. 너무 힘들어. 어떻게 해야 되는지를 모르겠어⋯⋯."

엄마는 "걱정하지 마. 너 혼자 겪게 내버려 두지 않을 거야."라며 울부짖는 나를 안아주었다. 하지만 동생은 진단 이후 이제까지 한 번도 보이지 않았던 표정, 나를 한심하다는 듯이 쳐다보며 말했다.

"이 상황이 언니만 힘든 게 아니야. 우리 모두 힘들어."

나를 놀라게 하는 말이었다.
조류공포증이 있는 동생이 벌레 공포증이 있는 나를 이해하지 못한다는 사실도.

그간 힘들게 참아왔던 동생의 감정이 이 일로 터졌나 보다 생각하려고 애썼다. 하지만 그럼에도 서운했고, 나를 쳐다보던 그때의 눈빛은 뇌리에 박혀 쉽게 사라지지 않았다.

그토록 돌아가고 싶던 내 집이 알 수 없는 벌레로 점령당했다는 사실보다도, 줄지어 닥쳐오는 인생의 불가항력적인 사건들이 나를 더 이상 살아가지 못하게 벼랑 끝으로 몰아넣는 것만 같아 참을 수가 없었다.

결국 침대를 새로 들이고 세스코 해충 방제 솔루션을 통해 박멸에 성공한 뒤에야 내 집으로 돌아갈 수 있었지만, 동생과 나는 그날의 일을 가슴에 묻은 채 지나왔다.

훗날 1년 반 정도의 시간이 흐른 뒤, 동생은 상담 선생님과의 대화를 통해 그날 나의 입장을 다시 생각하게 되었다고 말했다. 덕분에 나 역시 그때의 내 마음을 조금 더 분명하게 알 수 있었다.

동생은 가족 모두가 나의 암 치료와 생존에 온통 집중하고 있던 시점에 언니가 벌레 조금 생긴 것 가지고 죽을 듯이 소리치는 것을 이해할 수 없었다고 했다. 상담 선생님은 그 일이 언니에게 그렇게 힘들었던 이유는, 암 이전에는 모든 것을 스스로 컨트롤할 수 있다고 믿었던 사람이 더 이상 그렇게 살 수 없다는 사실을 직접 맞닥뜨린 순간이었기 때문이라고 설명했다. 그 순간 이제까지 잡고 있던 마음이 무너진 것 같다고.

나는 달라져야만 했다.

일상생활이나 사회생활에서 제약을 받는 상태가 되었다는 것을 인정해야 했고, 누군가의 도움을 받아야 할 때가 있음을 받아들여야 했다. 하고 싶은 일을 다 할 수도 없고, 해야 하는 일을 다 할 수도 없으며, 한 가지를 해내기 위해 세 가지를 포기해야 할지도 모르지만, 그렇다고 해서 내 삶이 망한 것이 결코 아니라는 사실을.

하루라도 미친 듯이 일하거나 무언가를 배우지 않으면 불안해서 어쩔 줄 모르던 예전의 내가 아니라, 그저 잘 먹고 잘 자고 별 탈 없이 하루를 보내는 삶 자체도 충분히 대견하고 고귀하다는 것을 스스로 인정해야 했다. 다시 앞으로 나아가기 위해서였다.

16. 끝이 아닌, 삶의 전환점

약해진 면역력 탓인지, 오로지 가슴에만 집중되었던 통증이
지나간 뒤 찾아온 후유증 때문인지, 내 몸은 여러 증상들을
차례로 겪어내고 있었다. 조금만 피곤해도 감기 몸살을 앓았
고, 위염과 장염, 신경염, 이석증의 재발, 치통까지 끊임없이
이어지는 아픔 앞에서 진절머리가 났다.

모두 다른 통증과 증상이었지만, 그것이 암 수술의 후유증인
지 원래부터 있던 증상인지 구분할 수는 없었다. 결국 각기
다른 병원을 찾아 그때그때 치료를 받는 것이 최선의 방법이
었다. 스트레스를 받으면 안 된다는 사실을 알면서도, 몸에
나타나는 사소한 신호들 앞에서 무던해지기는 어려웠다.

나의 인내심은 과연 어디까지 버텨낼 수 있을까. 매일 그 한
계를 시험받는 것 같은 시간들이 이어졌다. 그런데도 막상 외
래 진료실에 앉으면, 놀랍게도 나는 교수님께 이 모든 아픔을
그저 지나간 일상처럼 담담히 말하고 있었다.

암을 겪고 난 뒤로는 몸의 작은 증상 하나만 생겨도 '이건 또 무슨 큰 병이 아닐까' 하는 공포감이 몰려왔다. 지독히 무서운 일을 한번 겪고 나니, 그것이 삶에 얼마나 지대한 영향을 미치는지 미리 짐작할 수 있었다. 나 하나의 문제가 아니라 주변 사람들, 특히 가족까지 힘들게 만든다는 사실을 알기에. 누구도 대신해 줄 수 없는 외로움, 아픔을 홀로 견디며 켜켜이 쌓이는 상처, 미래에 대한 두려움, 언제 또 암이 찾아올지도 모른다는 막연한 불안감까지. 이 모든 것을 홀로 안고 지나가야 했다.

그렇다고 아무것도 못하는 것은 아니다.

진단 당시에는 과연 수술 후 내가 이전의 모습으로 돌아갈 수 있을까 심각하게 고민했다. 환자마다 차이가 있겠지만 수술 후 10주 정도가 되면 용기를 내어 혼자 외출하고, 기차도 타고, 가족들과 국내 여행도 갈 수 있는 정도의 상태가 된다.

이 시기까지는 왼쪽 가슴의 조직확장기 이물감이 그대로 남아 있었고, 잘려나간 신경들이 살아나는 느낌에 겨드랑이가 놀랍도록 찌릿거리는 느낌도 있었다. 조금만 움직여도 쉽게 피로해졌지만, 조금 다른 나를 받아들이자 모든 것이 가능했다.

수술 후 12주 정도가 되자 이제 가슴에 상자가 들어있는 것 같은 이물감이 사라졌다. 조직확장기를 제거한 것이 아니라 그 느낌에 익숙해진 것인지도 모르겠다. 이 이물감이 싫어서, 보형물 교체 수술을 서두르는 환자들도 많다고 들었다.

하지만 조직확장기는 전절제술 후, 약 3~6개월 동안 생리식염수를 주입해 점진적으로 팽창시키는 과정이 필요하다. 이 과정을 통해 피부를 늘려 충분한 공간을 확보해야 하기 때문에 빨리 교체하고 싶다고 일정을 앞당길 수는 없는 것이었다.

나는 4월에 암으로 왼쪽 유방을 전절제술을 했다. 그해 12월에는 조직확장기를 제거하고 보형물을 삽입하는 수술을 받았다. 암 수술의 고통이 컸기에, 해야 할 일들을 다 마치고 대학원 방학 시점에 재건 수술을 하고 싶었기 때문이다. 성형외과 주치의 교수님 또한 12월은 넘기지 않는 것이 좋다고 말씀하셨다. 그렇게 한 해에 두 번 가슴을 여는 수술을 할 수밖에 없었다.

주치의 교수님은 비행기 탑승도 가능하다고 말씀해 주셨다. 그래서 암 수술 후 4개월이 넘는 시점에는 너무도 염원했고 가도 가도 그리운 일본 여행도 다녀올 수 있었다. 비행기 안에서는 손이 저려 팔과 겨드랑이를 수시로 주물러 줘야 했고,

체력이 전에 비해 현저히 떨어졌다는 것도 느꼈다.

(이전의 삶으로 돌아가고 싶은 마음에 조바심을 내고 여러 가지 하고 싶은 마음이 있어 떠났지만 해외여행은 사실 수술 후 6개월 정도는 지나고 가는 것이 좋은 것 같다.)

새로운 몸의 반응들에 놀라고 때때로 잡히지 않는 정신과 마음에 하루에도 열두 번씩 우울해지기도 했다. 하지만 죽음의 문턱까지 갔다가 다시 마주한 일상은 매일이 소중했고 형용할 수 없는 만족감을 내게 안겨 주었다.

심지어 왼쪽 가슴에 놓여 있던 암의 무게와 크기만큼, 삶의 부담감도 도려낸 것 같아 한결 가벼운 인생을 살고 있는 기분마저 들었다. 참으로 아이러니한 일이었다.

암이 나를 찾아와 삶을 피폐하게 하고, 그러면 나는 더 부정적으로 세상을 바라보며 부질없다고 느꼈을 법도 한데, 오히려 그렇지 않았다. 내 삶 속에 불현듯 나타난 '암'이라는 존재가 내게 알려주고 싶었던 것은 무엇이었을까. 그 질문이 머릿속에서 떠나질 않았다.

그리고 그것은 여전히 진행 중이다.

17. 삶이 악몽 같을지라도

꿈일 뿐이야

아직도 가끔 꿈에 나오는 장면이 있다.

커다랗고 끝이 보이지 않는 문제들로 빽빽한 시험지 앞에 앉아 있는, 고등학교 시절의 내 모습이다. 읽어도 읽어도 읽히지 않고, 시간은 흘러가고, OMR카드에 하나의 번호도 찍지도 못한 채 답안지를 제출하고 마는…….

악몽이다.

실제로 고등학교 시절, 시험 기간만 되면 원인을 알 수 없는 두드러기로 시험에 집중할 수가 없었다. 시험이 시작되면 몸의 어디선가부터 시작된 두드러기가 번져 시험이 끝날 때쯤에는 얼굴이 퉁퉁 붓고 흡사 '야수'같이 변해서 알아볼 수 없을 정도였다. 양호실로, 응급실로 실려 가기를 여러 번……. 결국, 종합병원에서 수차례 검사를 받은 끝에 신경안정제 처방을 받았고, 재수할 때까지 조금이라도 몸에 이상이 생기면 그 약을 복용했다.

처음은 갑각류 알레르기였다. 이유를 알 수 없는 두드러기로 고등학교 시절을 피폐하게 보내고 요로결석이 발병하고 나서야 마약성 진통제에도 알레르기가 있다는 사실을 알게 되었다.

그 당시에는 알레르기로 인한 증상이 얼마나 위험한 것인지도 몰랐다. 피부에 발적[4]이 나타났다는 것은 장기에도 증상이 나타났다는 것, 기도가 부어서 막히면 죽을 수도 있다는 사실은 수년간의 알레르기를 겪고 나서야 알게 된 일이었다.

암 수술과 같은 큰 수술을 앞두고 마취약조차 신중히 선택해야 했던 내 몸. 수술 후에도 마약성 진통제도 사용할 수 없었던 내 몸. 그러나 지나온 시간들이 있었기에 미리 대비할 수 있어서 얼마나 다행이었나 싶었다. 만약 어떤 약물에 알레르기가 있는지 모르고 수술대에 올랐다면, 그야말로 암은 제거하지 못한 채 개흉 상태로 중환자실로 옮겨졌을지도 모르니까.

---

4) 염증 등으로 피부의 한 부분이 충혈되어 붉은 빛을 띠게 되는 현상

누군가 이미 벅찬 삶을 살아가고 있는데, 두드러기와 같은 방해 요인들마저 겹쳐 그를 괴롭히고 있다면, 그에게 위로가 담긴 따뜻한 포옹을 건네고 싶다.

고등학교 시절, 시험 시간에 홀로 두려움과 공포 속에서 나 자신을 잃어가던 그 어린 내가 간절히 바랐듯이…….

비록 지금 몇 년의 시간이 뒤처진 것처럼 느껴진다고 해서, 좌절하거나 포기하지 않기를 바란다. 삶은 긴 마라톤의 끝을 향해 홀로 나아가는 과정이라 중간에 주저앉을 수도 있고, 때론 잠시 누워 쉬어갈 수도 있다. 하지만 결국 그 길 위에 서 있다는 사실이 중요하다. 그 끝이 무엇인지, 과정이 어땠는지는 누구도 판단할 수 없다. 그저 뒤돌아보았을 때, 잘 달려왔다고 스스로 말할 수 있다면 그만인 것이다.

이제 오십을 바라보는 내가 고등학교 시험 기간에 두드러기로 인해 울며 시험을 보고 있는 나를 만난다면, 이렇게 말해 주고 싶다.

"이 시험 백지로 낸다 해도,
네 인생에서 아무것도 달라지지 않을 거야. 걱정 마."

18. 흰둥·깜둥

내 삶에서 너를 빼면 무엇이 남을까

내겐 여섯 살 터울의 동생이 있다.

어린 시절 형제나 자매들이 함께 노는 모습을 늘 부러워하던 내게 동생은 그 자체로 선물 같은 존재였다. 피부가 하얀 나와는 정반대로, 핏줄을 의심할 만큼 유난히 까만 피부를 가지고 태어난 동생은 눈이 크고 동그랗고, 코가 귀여운 여자아이였다. 그래서 우리는 서로를 부를 때면 '흰둥~' '깜둥~'이라고 불렀다.

유년기에 동생은 자주 외로워 보였다. 또래가 아닌 언니와 함께 놀 수도 없었고, 집에 오면 장애가 있으셨던 할머니와 시간을 보내야 했기 때문이었다. 마음속에 서러움과 화가 가득 차 있는 아이처럼 보일 때도 있었다. 내게 앙칼지게 대하거나 통파는[5] 모습을 감당하기 어려울 때도 있었지만, 그럼에도 참 귀여운 존재였다.

학창 시절을 공유할 수는 없었지만, 먼저 살아본 사람으로서 그녀에게 내 성공과 실패 이야기들을 들려줄 수 있던 시간들이 좋았다. 나를 따르고 내 의견이 늘 최선의 선택이라 믿으며 결정을 내리는 그녀를 보며, 내 안에 자존감과 자신감이 쌓여가는 것 같았다.

그런 그녀에게, 내가 살아온 경험이 해가 될까 봐 두려웠던 적은 두 번.
'대학 진학 실패'와 '암'이었다.

앞서 나아간다는 것은 모범이 되어야 한다는 책임감과 내가 누군가에게 끼칠 영향에 대한 두려움이 섞여버리는, 조심스러운 일이다. 올바른 길을 가야 한다는 압박, 뒤따라오는 사람의 길잡이이자 버팀목이 되어야 한다는 사명감도 따라온다. 그래서 내 인생에서 만난 '대학진학 실패'와 '암'이라는 좌초가 그녀의 삶에는 없기를, 조바심을 내며 누구보다 간절한 마음으로 지켜봤던 것 같다.

---

5) '떼쓰다'의 방언

다행히도 동생은 지원한 모든 대학에 한 번에 합격했고, 나의 암으로 인해 크게 놀란 뒤로 그 어떤 40대보다도 자신의 건강을 잘 살피고 있다.

사람들은 우리를 보며 어쩜 그렇게 사이가 좋으냐고 묻곤 한다. 하지만 우리라고 태어났을 때부터 죽이 척척 맞고 사이가 좋았던 것은 아니었다. 성격도 성향도 전혀 달라 많이 다투기도 했고, 지금도 가끔은 언성을 높이기도 한다. 그럼에도 우리는 서로를 이해하려는 노력을 멈추지 않았다. 서로가 싫어할 만한 일은 하지 않으려고 애썼고, 좋아하는 분야는 함께 관심을 기울이며 공감하려고 노력했다. 끊임없이 관심을 기울이며 애정과 정성을 쏟은 것이었다.

인간관계는 혼자만의 노력으로는 지속되기가 어렵다. 서로가 이어진 끈을 놓지 않겠다는 의지, 장점은 크게 보고 단점은 보완해주려는 마음, 상대가 진정으로 원하는 것이 무엇인지 알아보려는 노력, 그리고 진심이 담긴 존중과 서로를 향한 응원이 모두 어우러져야 하는 것이다.

그러나 이런 관계조차도 영원히 같은 모습은 아니라는 사실을, 나는 암을 겪으며 알게 되었다. 늘 동생의 든든한 언니여야 한다는 강박에서 내려와 보니, 이제는 그녀가 내 보호자가

되어 있었다. 그녀는 한없이 의지가 되는, 든든한 삶의 조력
자가 되어 있었다.

이제 더 이상 동생은 '깜동'이 아니다.
내 삶의 '감동'이다.

19. 내 생애 첫 성형수술 (1)

살아갈 날들을 위한 선택

아는 게 힘이라고 했던가,
모르는 게 약이라고 했던가.

암과 함께 가슴을 전절제하는 수술이란 무엇인지, 어떤 통증
과 후유증이 따를지 전혀 가늠할 수 없었기에 오히려 씩씩하
게 수술장으로 들어갔는지도 모르겠다. 나는 유방 절제 부위
에 인공 보형물을 삽입하는 보형물 재건술을 선택했다. 자가
조직 재건술을 하기에는 복부 조직이 충분하지 않았고, 긴 수
술 시간과 회복 기간을 감당해 낼 자신도 없었다.

예정된 수술일이 가까워질수록 마음은 온갖 불안에 휩쓸려
너울거렸다. 어느 날은 괜찮다가도, 또 다른 날에는 몹시 예
민해졌고, 미룰 수만 있다면 일정을 더 미루고 싶은 심정이
들기도 했다.

생사와 직접적인 관련이 없는 수술이라고 생각했기에 더 그랬는지도 모르겠다. 암은 당장 제거하지 않으면 안 되는 것이었다. 그런데 살아오면서 한 번도 상상해 본 적도, 바란 적도 없는 가슴 성형이라니. 재건을 위한 과정이었고 살아갈 날들을 위한 선택이지만, 또다시 가슴을 여는 수술을 받는 것이 결코 쉬운 일은 아니었다.

8개월 만의 두 번째 수술이었다.

계획했던 사업을 보류하고, 암 진단부터 두 번의 조직검사, 암 수술과 조직 확장, 그 이후 따라온 후유증과 질병들, 왼쪽 팔과 겨드랑이 재활, 그 와중에 대학원 두 학기를 우수한 성적으로 장학금을 받기까지. 그 8개월의 시간 속에 녹아든 고독과 외로움, 슬픔과 절망의 덩어리들을 어떻게 설명할 수 있을까.

열심히 살아냈다.

내가 선택한 삶의 방향은 아니었지만, 내 삶에 주어진 숙제들을 모르는 척 미루지 않고 차근차근 해낸 나 자신이 대견하고 자랑스러웠다. 누가 알아주지 않아도, 나 자신은 알고 있었다. 암 치료만으로도 벅찬 시간이었지만, 핑계를 대지 않고 공부를 이어갔다. 책상에 앉아 있는 것조차 쉽지 않은 날들이었다. 겪어보지 않은 사람들은 그게 뭐 대수냐고 생각할지도 모르겠지만 나는 알고 있었다.

독하다고 생각할지도 모르겠다. 그렇지만 적어도, 내가 선택한 일만큼은 포기하고 싶지 않았다. 이왕이면 최선을 다하고 싶었다. 어쩌면 이런 공부를 할 기회가 내 생애 마지막일지도 모르는 일이었다.

수술을 위해 병원으로 향하는 길, 나는 또 갈지 자(之)로 걸었다. 내 생애 두 번째로, 죽도록 가기 싫은 발걸음이었다.
(11년 다니던 회사를 그만두고 싶어 몸부림치던 때의 출근길이 그 첫 번째였다.)

이번에는 망설임 없이 처음부터 1인실로 입원했다. 첫 번째 암 수술을 겪으며, 수술 직전과 직후 나를 보듬어 줄 사람이 곁에 있어야 한다는 것을 절실히 깨달았기 때문이었다. 내 마음을 가장 편안하게 해 줄 수 있는 동생에게 함께해 달라고 부탁했다.

입원만 하면 열이 나는 것은 왜일까.
수술에 대한 부담 때문인지, 스트레스 때문인지 원인 모를 열이 났다. 또 수술장에서 쫓겨날 수는 없는 일이었다. 밤새 얼음 팩 두 개를 번갈아 대며 벼렸다.

다행히 새벽에 열이 잡혔고, 5시부터는 수술 준비에 들어갔다. 7시쯤 수술장으로 내려갔는데 교수님과 전공의 선생님이 미리 오셔서 내게 안심을 시켜주셨다. 수술실에 들어가기 전 대기하는 곳까지 교수님이 내려와 환자를 봐주는 사람은 나밖에 없는 것 같았다. '역시, 마음까지 치료해 주시는 명의'라는 생각이 들어 겨우 평정심을 찾았다. 참으로 고마운 분들이었다.

다행히 이번 수술은 깨어나는 순간에 악몽이 아니었다. 극한의 공포로 치닫는 통증도 아니었다. 전절제를 진통제 없이 견뎌낸 사람으로서, 이번 통증은 온전한 정신을 붙잡은 채 병실로 돌아올 수 있는 정도였다.

통증이 없었다고 말할 수는 없다. 지난번 수술에 비하면 10분의 1 정도의 통증이었을 뿐. 아픈 것은 아픈 것이었다.

1차 암 수술에서 전절제를 하고 가슴방[6]을 만들어 놓았는데, 보형물로 교체할 때 가슴 밑선 정리를 하면서 안쪽에 생겨난

---

6) 유방 피부와 유두를 최대한 보존하여 재건 성형을 위한 공간을 미리 확보하는 방식

상처로 인해 가슴 밑 부분과 겨드랑이 쪽에 통증이 있었다.

이번 수술은 2박 3일이면 퇴원할 수 있을 거라고 전공의 선생님이 슬쩍 말씀해주셨지만, 1차 암 수술 때에도 배액관 이슈로 빠른 퇴원을 할 수 없었기에 믿지 않았다. 그런데 이번에는 배액량이나 색상에 관계없이 3박 4일 만에 퇴원이 결정되었다. 연말을 병원이 아닌 집에서 보낼 수 있었기에 다행이었다.

입원할 때마다 정맥주사 자리에서 혈관이 터지곤 했다. 여기저기 바늘을 찔러 보아도 튼튼한 혈관을 찾기란 여간 어려운일이 아니었다. 그래서 배액관을 달고 있더라도, 주삿바늘 없이 집으로 돌아갈 수 있다는 사실이 너무나 기뻤다.

병원에만 오면, 아직 다 나은 것도 아닌데 이상하리만치 무작정 퇴원하고 싶어진다. 오랫동안 병원에 입원해 있는 환자와 보호자들이 얼마나 힘겨운 시간을 보내는지, 병원 밖에서 자유롭게 살아가는 사람들은 쉽게 상상하지 못할 것이다.

그렇게 나는, 내 인생의 첫 번째이자 마지막이길 바라는 성형외과 수술을 마쳤다.

* 가슴 보형물은 영구적인 것이 아니며, 일반적으로 10년에서 20년 주기로 교체하는 것을 고려해야 합니다. 하지만 보형물 종류, 개인의 건강 상태, 생활 습관 등에 따라 교체 주기는 달라질 수 있습니다. 정기적인 검진을 통해 보형물의 상태를 확인하고 전문의와 상담하여 교체 시기를 결정하는 것이 중요합니다.

* 유방 재건 시 가슴 밑선 정리는 수술 과정의 일부로, 재건 방식에 따라 적절히 처리되며, 이는 재건 방법(보형물 vs 자가 조직), 환자의 체형, 절제 부위의 상태 등에 따라 달라집니다. 가슴 밑선은 유방의 모양과 자연스러움을 결정하는 중요한 요소이므로, 수술 전 전문의와 충분히 상담하여 환자의 상태에 맞는 최적의 재건 계획을 세우는 것이 중요합니다.

* 가슴 밑선 정리의 필요성 및 방법

· 재건 형태의 변화: 유방 재건 수술은 단순히 유방 모양을 만드는 것을 넘어, 자연스러운 유방의 윤곽과 위치를 만드는 것을 목표로 합니다.
· 가슴 밑선의 역할: 가슴 밑선은 유방의 볼륨과 모양을 지탱하는 중요한 부분으로, 재건 시 이 부분이 매끄럽게 정리되지 않으면 부자연스럽거나 어색한 결과를 초래할 수 있습니다.
· 보형물 사용 시: 가슴 근육 밑에 보형물을 삽입하는 경우, 가슴 밑선은 보형물과 주변 조직이 자연스럽게 연결되도록 위치와 각도를 조절하여 정리됩니다.

20. 내 생애 첫 성형수술(2)

차갑지만, 잘빠진 내 왼쪽 가슴

다행히 이번에는 수술 후 3일 만에 배액관을 제거했다. 몸에 꽂힌 빨대 같은 관에서 수술 부위에 고인 피가 더 이상 나오지 않으면 배액관을 제거하게 된다. 그것을 뽑을 때의 느낌이란, 두 번째 겪어도 전혀 익숙해지지 않는 것이었다. 악몽처럼 옆구리에서 긴 줄이 끊임없이 빠져나오는 것 같았고, 관이 빠져나간 뒤 벌어진 살갗은 의사가 대바늘로 꿰매는 것처럼 느껴졌다.

그렇게 봉제인형처럼 왼쪽 옆구리에 또 하나의 X자가 남았다. 왜인지 배액관을 제거하고 살을 꿰매는 순간, 예정에 없던 눈물이 흘러내렸다. 여기까지의 모든 과정을 무사히 끝마쳤다는 생각, 수술실과 병실, 처치실에 누워 의료진의 말 한마디와 행동 하나하나에 좌지우지되던 내 몸에 대한 가련함,

내 삶에서 상상조차 해본 적 없던 새로운 인연들(유방외과와 성형외과 교수님, 전공의 선생님들, 간호사 선생님들, 검사실 선생님들까지)에 대한 감사함이 한꺼번에 올라왔다. 그분들이 이토록 성심성의껏 치료해주지 않았다면 지금의 나는 없었을 것이라는 생각에, 뭐라 형용할 수 없는 안도와 자기 연민이 동시에 밀려왔다.

유방외과에서 수술 후 최종 검사 결과를 듣고 나왔을 때도, 성형외과에서 수술 후 배액관을 제거한 뒤 우는 나를 발견했을 때도, 전공의 선생님과 간호사 선생님들은 잊지 않고 말했다.
"고생 많으셨어요, 환자분."
그 따뜻한 말 한마디와 진심 어린 손길은 어떤 위로보다도 값졌고, 더없이 큰 위안이었다.

C병원을 선택한 것은 참으로 잘한 일이었다고, 훌륭한 의료진을 만나 천만다행이었다고 우리 가족은 지금도 가슴을 쓸어내리며 이야기한다.

수술 후 5일째가 되자 새해가 밝았다. 한 해를 온통 암과 씨름하며 보낸 셈이었다.

암을 마주하기 전, 내가 죽을 만큼 힘들다고 여겼던 슬픔과 아픔, 고통과 외로움은 사실 내가 견뎌낼 수 있는 인내력의 최대치가 아니었다. 암을 통해 나는 내 안의 인내력을 한없이 더 끌어올릴 수 있다는 것을 실험해 본 셈이었다. 너무도 잘 이겨낸 나 자신을 한없이, 정말 한없이 칭찬해 주고 싶었다.

수술 직후에는 드레싱 위에 여러 겹의 붕대와 써지브라로 가슴을 꽁꽁 감싸 두었기에, 눈으로 직접 내 가슴을 볼 수 없었다. 시간이 지나며 점점 그 모습이 궁금해졌다.

퇴원 후에도 가슴 주변 어딘가가 계속 가려워서 알레르기 약을 처방받아 복용했지만 별 효과는 없었다. 외래에서 불편함을 호소하자 교수님은 절제 부위에 붙여 둔 테이프 때문일 가능성이 크다고 하셨다. 접촉성 알레르기라면 상처 부위에 접촉되는 것들을 최대한 제거해야 호전되는데, 그렇다고 상처를 열어둘 수는 없었기에 증상은 쉽게 가라앉지 않았다.

수술 후 6일째, 실밥을 뽑은 날이었다. 나는 더는 참지 못하고 집에 돌아와 혼자 붕대를 풀고 떨리는 마음으로 거울 앞에 섰다. 대체 알레르기 상태가 얼마나 심각한지 내 눈으로 확인을 하고 싶었다.

붕대를 풀고 마주한 내 가슴을 거울로 본 순간,
내 마음은 또 한 번 무너져 내렸다.

마음이 너무나 아팠다.
테이프를 붙여 두었던 수술 절개 부위가 수포와 진물로 뒤덮여 있었다. 전절제를 하여 왼쪽 가슴은 아무런 느낌이 없었기에, 그토록 심한 상태가 될 때까지도 나는 알아차리지 못했던 것이다. 그저 가슴 언저리가 미치도록 가렵고 약을 먹어도 나아지지 않아 의아했을 뿐, 내 왼쪽 가슴은 그렇게 홀로 버티며 고생하고 있었다.

보형물에 대한 알레르기일 가능성도 배제할 수는 없지만, 지금 상태로 보아 그럴 가능성은 낮아 보인다며 교수님은 조금 더 지켜보자고 하셨다. 다행히 며칠간 붙어 있던 테이프와 거즈를 모두 제거하고 처방받은 연고를 바른 후 약을 복용하자, 진물이 흐르던 부위는 점차 가라앉고 피부도 제 색을 되찾았다. 밑가슴이 쓰리고 찢어지는 듯한 느낌이 들 때는 샤워 도중 따뜻한 물로 적시며 마사지를 해주었다. 그러자 다행히 한결 나아졌다.

그렇게 내 가슴은, 몸의 일부로 자리를 잡아가고 있었다.

이따금씩 이유 없이 무게가 느껴지고, 이물감이 남아 있고, 오래 한 자세로 있으면 불편해지기도 하지만, 그래도 나를 균형 있게 지탱해 주는 고마운 내 차가운 왼쪽 가슴.

이제 오른쪽 가슴보다 더 예쁜 가슴이라는 사실은 공공연한 비밀이다.

* 가슴 보형물 알레르기는 흔하지 않지만, 보형물 삽입 후 알레르기 반응을 경험하는 경우가 있습니다. 이는 보형물 재료에 대한 신체의 면역 반응으로 인해 발생할 수 있으며, 발진, 가려움, 부종 등 다양한 증상을 유발할 수 있습니다. 심한 경우, 전신적인 알레르기 반응인 아나필라시스가 나타날 수도 있습니다.

Chapter 2

삼중양성
유방암 환자입니다

박송아

46세, 한참 커리어를 쌓고 있을 때 유방암을 만났습니다.
죽음이 가까이 다가온 만큼 삶도 더 진하게 다가왔습니다.
N잡러로 치열하게 살던 삶을 잠시 멈추고 새로운 일상으로
채워가는 이야기를 나누려 합니다.

남은 시간들을 평온과 기쁨으로, 때론 슬픔과 아픔으로
채워가게 되겠죠? 제 일상과 생각을 공유하며 언젠가는
마주할 마지막 순간까지 잘 살아가고 싶습니다.
암 진단을 받은 분들, 그 곁을 지키는 이들, 그리고 삶과
죽음을 고민하는 모든 분들과 따뜻한 이야기를 나누는
지면이 되기를 기대합니다.

1. 언제부턴가 가슴에 멍울이 만져진다_
검사를 받는 날 아침

2024년 8월 10일 오전 9시

이 순간에만 느낄 수 있는 감정을 붙잡아 놓기 위해 창을 열었다.

언제부턴가 가슴에 멍울이 만져졌다.
처음 며칠은 애써 모른 체했다.
검사 일정을 미룬 건, 어쩌면 두려움 때문이었는지 모른다.

아프리카 우간다의 쿠미대학교 도서관 시스템 구축과 어린이도서관 설립 봉사를 위해 떠나기 직전이었다.

온몸의 촉은 이 멍울이 암이라고 말하고 있었는데, 검사를 받아 생각대로 결과를 듣게 되면 모든 계획이 어그러질 것이었다. 며칠을 고민했다. 만약 암이 찾아온 것이 맞고, 내게 남은 시간이 얼마 없다면 오히려 더 우간다에 다녀와야겠다고 생각했다. 떠나기 전 값진 일을 하고 싶기도 했고, 나 때문에 7개월 넘게 준비한 프로젝트가 잘못되는 건 아픈 것보다 더 견디기 어려운 일이었다.

'돌아오면 검사를 받아야지' 했지만, 귀국 후에도 일정이 너무 많았다.
'몸이 가장 먼저'라는 건 당연히 알지만 두 주간의 공백을 메우기 위한 일정을 펑크 내긴 더 어려웠다.

아무에게도 이야기하지 않았다.
이런 이야기를 하기에는 맡고 있는 일이, 감당해야 할 일이 너무 많았다.

출강 중인 아신대학교의 강의들, 이제 막 15년 차가 되어가는 늘함께교회 전도사 역할, 하남시 지역아동센터 모자이크, 대안학교 인투비전 스쿨에서 만나고 있는 아이들, 누군가를 도우려다 얼떨결에 사업자를 내고 운영하고 있는 그라겜연구소와 컴퍼니연의 대표직, 문화예술기획 활동, 무엇보다 사랑하는 우리 가족의 아내와 엄마로서의 역할.
어떤 것 하나 다시 돌아간다고 해도 포기할 수 없는 일들이었다.

이렇게 여러 일들을 감당하며 살아가다 보면 마음이 무너지는 순간이 오기도 한다. 오랜 시간 사랑으로 기도하며 돌보던 누군가 나의 마음에 대해 오해하고 있다는 말을 들었던 어느 날, 홀로 그 무너짐을 감당하기가 어려워 그날 글쓰기 모임에서 "멍울이 만져진다."라는 한 줄을 적었다.

글 한 줄로 상황을 파악해 준 세심한 선생님 덕에 몇몇 분들에게 나의 상황이 알려졌고, 자의와 상관없이 검사 날짜가 잡혔다.

그게 오늘이다.

지금 나의 감정은 약간의 두려움, 희미한 슬픔, 미지에 대한 불안, 빛처럼 새어 나오는 기대, 그리고 애써 찾는 감사이다. 검사 결과를 기다릴 때와 결과를 들은 후에는 또 다른 감정들이 찾아오겠지.

애써 찾는 감사를 종교적 과제처럼 하고 싶지는 않다.
정말로 감사한 것에 감사하는 시간을 보내고 싶다.
오늘 아침 눈을 뜨고 24시간이 주어져서 감사하다.
고통도 살아있기에 느끼는 것.

이번 검사를 계기로 애써 꾹꾹 눌러왔던 고통과 아픔들도 하나둘 꺼내어 직면해 보기로 한다.

검사가 바로 잡힌 것,
여차하면 바로 조직검사까지 할 수 있는 것에 감사한다.
그 병원들이 집 근처에 있는 것도.
그리고 이 시간을 보냈을 분들의 감정을 조금이나마 느낄 수
있어서 감사한다.
이제 심호흡 한 번 하고 다녀와야지.

잘 다녀올게요!

2. 새로운 일상_암 진단 후 한 달

2024년 9월 20일

손님이 찾아왔다.
어느 날 만져진 멍울은 커져버린 암세포였고, 나는 C코드 소
유자가 되었다.

암 진단을 받은 후 한 달이 지났다.

새로운 일상이 시작됐다.

지난 3~4년은 사실 말도 안 되는 스케줄로 살아왔다.

하루도 제대로 쉴 수가 없는 시간이었다.

이렇게 살면 아플 걸 알았지만 멈추기엔 명분이 없었다.

해야 하는 일, 하고 싶은 일, 꼭 안 해도 되지만 내가 조금 함께 하면 잘 해결되는 일, 하기 싫지는 않지만 그만두면 더 좋을 것 같은 일들이 섞여 있었다.

주변의 많은 이들이 나의 건강을 걱정하며 일을 그만두라고 조언했다. 그러면서도 그들과 함께 하고 있는 일에는 시간을 더 내주면 좋겠다고 했다.

나를 함께 일하기 좋은 사람으로 여겨주는 마음은 감사했다.

하지만 역설적으로 그 믿음과 신뢰가 몸이 아프고 힘들 때조차 '이제 그만 하겠다'는 말을 쉽게 하지 못하게 하는 무거운 책임감이 되었다.

그러다 보니 나의 우선순위와는 무관하게 어떤 일도 그만 둘 수가 없었다.

암 진단은 프리패스가 되었다.

이제는 '해야 하는 일'과 '하고 싶은 일'만이 남았다.

덕분에 새로이 살게 된 일상에 쉼표가 생겼다.

한가롭게 산책하고, 건강한 음식을 만들어 먹고, 가족들과 여행을 갈 수 있게 되었다.
스트레스도 절반으로 줄었다.

기다린 손님은 아니지만,
막상 오셨으니 잘 대접해야겠다.
투병하지 않으려 한다. 암과 싸우기보다는 수용하고, 인정하고, 받아들이면서 치료를 통해 크기를 줄이고, 언젠가는 고이 떠나보낼 날도 오기를 바란다.

행여 원하는 결과가 오지 않을지라도
손님으로 인해 새롭게 살고 있는 일상은 꽤 맘에 든다.

안녕, 유방암씨.
반갑다고는 할 수 없을 것 같아요.
하지만 찾아와 주셔서 제 삶이 더 풍성해진 건 사실이네요.
가족들과의 시간을 되찾고, 나를 위한 시간을 충분히 낼 수 있게 되었으니.

우리 잘 지내다 헤어집시다.

3. 암환자에게 조심해야 할 말 10가지 _
위로라며 건넸지만 폭력처럼 느껴지는 말들에 대하여

2024년 9월 23일

요즘에는 암환자를 '아만자'라고 부른다 한다.

'암환자'라는 말을 제대로 못 알아들은 누군가가 네이버 지식 iN에 "아만자가 뭐예요?"라는 질문을 올리면서 시작된 것이다. 그런데 어느덧 다양한 SNS에서 암환자가 스스로를 지칭할 때 쓰이기도 하고, <아만자>라는 웹툰, 웹드라마까지 생겼으니 신조어라고 해도 무리가 없겠다.

내가 그 '아만자'가 되고 나니 왠지 SF영화의 주인공이 된 것만 같다.

아만자가 된 후 다채로운 상황과 감정을 겪고 있다.

특히 다양한 연락을 받으면서 여러 형태의 위로를 받고 있다.

이로 인해 생기는 마음 때문에 요즘 주변 사람들에게 하는 말이 있다.

"나중에 다 나으면 「암환자에게 해서는 안 될 말 10가지」라는 책을 쓸 거야.”

분명히 위로하려고 하는 말들일 텐데, 전혀 위로가 되지 않고
오히려 마음에 상처를 내는 말들.
같은 일을 서로 다른 상황과 입장에서 건네는 말은 설령 위
로라 할지라도 실수가 될 수 있음을 배워가는 시간이다.

몸이 나은 후 기록하려던 그 말들을, 지금 써두어야겠다. 주
변에 암환자가 있는 분들이 참고하시면 좋지 않을까 싶어서.

1) “어쩌다 그랬어.”

어쩌다 암에 걸렸는지 나도 모르겠다.

다양한 원인이 있을 것이다. 실제로 연구들을 찾아보니 유전,
환경오염, 각종 약물, 방사선 노출, 생활습관, 스트레스 등 여
러 요인이 언급된다. 그러나 대부분의 연구는 ‘암 발생에 영
향을 미치는 원인은 정확히 알려져 있지 않으나’라는 전제로
시작한다. 그만큼 암의 원인을 찾기가 어렵다는 뜻일 것이다.

물론 내가 내 몸을 돌아보지 못할 정도로 바빴던 것은 사실

이나, 암의 원인이 '바쁨'이나 '쉬지 못함'만 있는 것은 아닐 테니. 어쩌다 그랬냐는 물음에 할 말이 없었다. "나도 몰라"라고 답하기도 애매한 질문이었다.

원인을 찾고 책임을 묻는 것은 위로하려는 사람이 해야 할 일이 아니다.

2) "그러게 잘 쉬지 그랬어."

그랬으면 참 좋았을 것이다.

미리미리 잘 쉬었다면 삶의 질이 훨씬 높아졌을 것이고, 어쩌면 암이 오지 않았을 수도 있다. 쉴 수 있는 환경이었다면 쉬었을 것이다. 상황이 따라주지 못했고, 쉬고 싶어도 쉴 수 없는 시간을 지나왔다.

3) "일을 너무 많이 해서 그래."

일을 많이 하며 살아온 것은 사실이다.

나도 암 진단을 받고 삶의 패턴과 마음가짐을 많이 바꾸게
되었다. 이 표현 역시 "그러게 잘 쉬지 그랬어."와 같은 맥락
으로 내게 다가왔다. 굳이 하지 않아도 될 말!
과거에 쉬지 못했고, 일을 너무 많이 한 것을 이미 돌이킬 수
없다. 이런 말들은 내게는 위로도, 응원도 되지 못했다.

어려운 일에 처한 사람에게 팩트 체크는 오히려 더 큰 아픔
을 얹어준다.

4) "젊으신 분이 ㄲㄲ"

나이 든 사람은 암에 걸려도 괜찮은가요?

지금까지 들었던 말 중 가장 당황스러운 위로 아닌 위로였다.
카톡으로 이야기를 주고받다가 마지막에 그분이 보낸 내용
이었다. 아마도 젊은 나이에 암에 걸려 여러 가지 고생을 하
게 된 것이 안타까워서, 아직 어린 우리 아이들이 걱정이 되
어 하신 말씀이겠지.

그런데 이런 종류의 말은 그냥 마음에만 품으면 좋을 것 같
다.

'젊은 나이에는 암에 걸리면 안 되고 나이가 든 사람은 암에 걸려도 된다.'는 의미로 읽힐 수 있으니 여러모로 하지 않아야 할 표현이 아닐까 생각한다.

5) "A병원, K의사가 잘해. 거기로 꼭 가."

내 몸은 하나예요.

암 진단을 받고 나니 모든 것이 선택의 기로다. 생사가 갈릴 수도 있는 그런 선택. 그러다 보니 많은 분들이 자신의 주변에서 회복하신 분들, 완전관해[7] 되신 분들이 다닌 병원과 의사를 이야기해 주신다.
상당 부분 감사한 일이고, 좋은 팁이 되기도 한다.

그런데 "거기로 꼭 가야만 한다."는 말은 부담스러운 게 사실이다. 모든 곳에 다 갈 수가 없기 때문에, 그 말을 해준 사람의 성의를 무시하는 것 같아 미안한 마음이 든다.
지난 며칠, 여러 사람들로부터 다양한 정보를 받으면서 혼란스러웠다가 이제는 마음이 괜찮아졌다.

---

7) 암 치료 후 혈액검사, 영상검사 등에서 암세포가 완전히 사라지고,
    4주 이상 정상 수치가 유지되는 상태

이렇게 많은 환자들이, 이렇게 많은 병원에서, 이렇게 많은 좋은 선생님들을 만나 완치가 되었다면 우리나라의 유방암 치료는 실로 어마어마하게 믿을만 하구나 싶어서.

6) "이거 먹으면 낫는대. 잘 먹고 있어?"

아니요, 다 먹지 못해서 힘들어요.

당연히 항암에 좋은 음식이 있을 것이다. 나 또한 그런 음식을 챙겨 먹으려 노력 중이다. 그런데 너무 많은 정보들과 기사들을 보니 이 또한 혼란스럽다.

낫게 해주고 싶은 마음은 감사히 받고 있지만, 병원에서 권하지 않고 검증되지 않은 것들에 대해서는 조심스러운 게 사실이다. 잘 먹고 있느냐고 물어보는 질문에 거짓말을 할 수도 없고, 먹지 않겠다 할 수도 없으니 대답할 때는 늘 고민이 된다.

수많은 먹거리가 집에 쌓이고 있다. 걱정스러운 마음에 보내주시는 식재료, 먹거리들이 사랑으로 쌓이고 있다. 하지만 모든 음식에는 유통기한이 있고 한 가족이 먹을 수 있는 양은 정해져 있다. 어쩌면 주변 암환자들에게 선물을 보내고 싶다면 교환권이나 상품권 등이 조금 더 도움이 될 수도 있을 듯하다.

기 "당장 나와. 만나자."

당장 나갈 컨디션이 아닌걸요.

암 진단을 받기 전과 후, 사람을 만날 때의 마음가짐이 많이 달라졌다.
이전에는 나를 찾는 이들에게 무조건 달려가는 성정이었다면, 이제는 체력과 시간의 한계를 인정할 수밖에 없다.

대부분의 지인들과 친구들은 쉼을 확보해주기 위해 연락을 조심스레 하고 만나고 싶은 마음도 참아주고 있다. 그 마음을 알기에 더욱 감사하고, 꼭 다시 자주 만날 수 있게 되기를 바라며 회복에 힘쓰고 있다.

약속을 했다가도 조금이라도 힘들어하면 먼저 바로 약속을 미뤄주는 분들이 대부분이다.

그런데 몇몇 분들은 '당장' 만나야 한다며 '어렵다'고 하는 말을 거절한다. 정작 '당장' 만나야만 한다는 분들의 이야기를 깊이 들여다보면 정말로 나를 보고 싶어서 그러는 건지, 아니면 내가 혹여 이 세상에 없는 상황이 온다면 나에게 부채감을 느낄 것 같은 마음에 그걸 털어버리고 싶은 것인지 혼란스럽다.

먼저 치료를 받고 새로운 삶을 살고 계신 아만자 선배님들의 이야기를 들어보니, 이런 일들을 겪어가면서 상당 부분의 인간관계가 정리되었다고 하신다.

같은 말이라고 해도 누가, 어떤 관계를 맺어온 사람이 하는 말인가에 따라 완전히 다른 감정이 드는 것을 경험한다.

8) "멍울이 만져졌을 때 병원에 가지, 왜 지금까지 방치한 거야."

방치하고 싶어서 그런 건 아니랍니다.

1-3번과 같은 맥락의 표현이다. 이미 벌어진 일에 대해 "왜 그랬냐?"라고 물으면 당사자는 할 말이 없다.

사실 질문을 하는 분들도 원인을 묻고 싶어서 하는 말은 아 닐 것이다. 속상하고 답답한 마음에 하는 투정 같은 말임을 안다. 하지만 이런 부류의 말을 들을 때 당사자의 감정이 어 떨지를 헤아려주면 좋겠다. 가장 답답하고 속상한 건 당사자 일 것이다. 그 말은 어쩌면, 이미 스스로에게 수없이 되뇌고 있는 말일지도 모른다.

상대의 속상함과 슬픔에 무게를 더하는 말이라면 제 아무리 온전한 마음일지라도 질문을 자제해야 한다고 생각한다.

9) "암보험은 들었지? 진단금 얼마 나오나 알아봐."

천천히 할게요. 지금은 마음의 여유가 없답니다.

당장 암 진단을 받은 사람은 경황이 없고 정신이 없을 것이 다. 치료비를 걱정하는 것은 어쩌면 정신이 든 다음, 스스로 암환자임을 인정한 후에야 가능한 일이 아닐까 싶다.

암보험을 들었냐는 질문이 치료비를 걱정해 주는 말일 수 있 지만 혹 보험을 들지 않은 이에게는 큰 괴로움이 될 수도 있 고, 보험을 들어놓았다 해도 꼭 필요한 질문은 아닐 것이다.

보험을 들어두었다면 진단금은 나중에라도 받을 수 있는 것이기에 경황이 없는 환자에게는 당장에 필요한 말이 아닐 수 있다.

아무 말 없이 치료비에 보태라고 송금을 해주시는 분들, 봉투를 건네주시는 분들이 있다. 그분들도 나에게 하고 싶은 말이 얼마나 많으실까 생각한다. 잘 가지고 있다가 그분들이 필요한 상황이 되면 배로 갚아드리고 싶다.

10) "아이고 쯧쯧쯧……."

꼭 해야 한다면 속으로만 말해주세요.

주변에 암 치료 중이신 분, 화상 경험자, 장애가 있는 분들이 많다. 그분들이 공통적으로 하는 말은 자신의 상황과 상태에 대해 "아이고 쯧쯧쯧……."이라는 말이 들려오는 게 싫다는 것이다.

나도 이번에 이런 상황이 되고 보니 그 말이 참 싫다. 혀를 차는 말. 위로도, 도움도 아닌 동정에 찬 표현은 아픔을 가진 사람 앞에서는 꾹 삼키면 좋겠다.

번외 편.

  1) 하나님이 얼마나 사랑하셔서 이런 일을 주셨을까!

  2) 크게 되실 거예요.

  3) 얼마나 큰일을 하시려고.

  4) 고난이 있어야 성장하는 거예요.

등등등.

사람마다 상황, 환경, 겪어온 일들이 다르기에 모두에게 적용되는 글은 아닐 수도 있다. 어쩌면 이 글의 제목은 〈내게 하지 말아주었으면 하는 말 10가지〉라고 하는 것이 더 정확할 수 있겠다. 혹은 〈갑작스러운 어려움을 당한 이에게 조심해야 하는 표현 10가지〉일 수도 있겠다.

아만자가 되고 보니 내가 해왔던 위로들이 예상치 못한 일을 만나 당황하고 슬펐을 사람들에게 오히려 짐을 얹는 표현이 아니었나 다시 되돌아보게 된다. 앞으로는 듣는 이의 입장이 되어서 한 번 더 생각해 보고 말하기 위해 더 노력해야겠다.

나를 포함한 우리들이 진정 주고 싶은 마음만을 건넬 수 있기를. 위로를 주려다 되레 상처를 주는 실수를 저지르지 않기를.

4. 암환자가 가져야 할 적절한 태도에 대한 고민 _
난감한 대화의 패턴이 준 생각

2024년 9월 2일

책을 염두에 둔 건 아니었지만, 조직검사를 받던 날부터 글쓰
기 플랫폼 '브런치'에 꾸준히 글을 올리고 있었다.
그런데, 갑자기 유입량이 늘고 조회수가 높아져서 놀랐다.

지난번 올린 글이 어딘가에 노출이 되었던 걸까?
아니면 암환자 당사자와 가족, 친구들이 많아져서일까?

어제 이 이야기를 하며 지인에게 "요즘은 암 관련 글이 인기
가 있나 봐요."라고 웃으며 말했더니, 그가 어떻게 대답해야
할지 난감하다고 했다. 그분뿐 아니라 내가 암에 대해 담담하
게, 혹은 웃으며 이야기를 할 때 주변 분들이 당황하는 것이
느껴진다. 하지만 엉엉 울며 이야기를 해도 당황하시겠지?
사실 나도 어떤 표정으로 소식을 전해야 할지 난감하기도 하
다.

언젠가 암 진단을 받은 환자들의 반응이 나라마다 다르다는 글을 읽은 적이 있다. 한국은 "암입니다."라는 말을 들으면 많은 이들이 바로 침대에 누워 환자로서의 삶을 시작하는 반면, 미국은 다음 날에도 직장에 출근하는 등 일상을 이어간다는 내용이었다. 즉, 한국의 환자들은 암 진단을 사형선고 정도로 생각하고, 미국의 환자들은 당뇨나 고혈압 등 성인병 정도로 생각하고 치료에 임한다는 것이다. 그 글을 읽고 나도 나중에 혹시 암 진단을 받는다면 일상을 살아야겠다고 어렴풋이 다짐했던 기억이 있다.

늘어난 환자 수만큼 완전관해와 완치가 많아졌음에도 '암'이라는 단어가 주는 무게가 여전히 이렇게 무거운 이유는 무얼까. 지금은 그렇지 않지만, 과거의 드라마에서 등장한 암환자들은 대부분 식은땀을 흘리며 극심한 고통을 호소하고 죽어 갔던 기억이 있다. 어쩌면 매체가 만들어낸 암환자의 모습이 각인된 것은 아닐까 생각해 본다.

암환자가 된 내가 가져야 할 적절한 태도는 무엇일까를 고민한다. 너무 슬퍼하며 절망해서도 안 되겠지만 지나치게 낙관하여 치료에 임하지 않는다거나 대체의학과 식품에만 의존해서도 안 될 것이다. 또 너무 병원에만 의존해서 스스로 해야 할 건강 관리나 식생활 관리를 소홀히 해서도 안 될 것이다. 모든 선택 앞에서 지혜가 필요한 시간이다.

몇몇 지인들과 대화를 하다가 어떻게 해야 할까 난감할 때가 또 있다. 바로 현재 나의 마음 상태에 대해 이야기할 때다. 사실 나는 암 진단을 받고 크게 놀라거나 낙담하지 않았다. 다만 당황스러웠고, 벌여놓은 일들을 어떻게 해야 하나 걱정이 되었을 뿐 세상이 끝난 것 같지는 않았다. 생각보다 더 마음의 준비가 필요한 어떤 상황이 오더라도 치료를 받을 수 있는 상태라면 최선을 다해 치료를 받고, 혹여 그렇지 않다면 남은 생을 잘 정리하며 주변을 돌봐야겠다고 매일 생각했기 때문이다. 그리고 나는 이미 살아오며 여러 차례 죽을 뻔한 사건들을 겪었다. 여기에 ABO식 혈액부적합, 당뇨, 메니에르 같은 건강 이슈들까지 안고 있었기에, 어느 정도 마음의 각오는 늘 되어 있었다.

앞서 언급한 지인들에게 나의 암 진단 소식을 전할 때 이뤄진 대화에는 어떤 패턴이 있었다.
먼저 그들이 나에게 “이 상황에 너무 낙담하지 말라.” “절망하지 말라.”고 건네면, 나는 지금 감정 그대로 “낙담하지 않았고 절망하지 않았다.”고 답한다. 그러면 이번에는 그쪽에서, “너무 씩씩하지 말라.”고 하는 것이었다. 울고 싶을 때는 마음껏 울고 슬퍼해야 된다고……

물론 모두 맞는 말이다.

낙담하지는 않았지만 해야 할 일을 포기해야 할 때, 사랑하는 아이들이 나의 빈자리를 경험할 수 있다는 걸 실감할 때 눈물이 난다. 하지만 그 눈물이 절망은 아니다. 상황에 대한 슬픔이지 상태나 변화된 정체성에 대한 절망은 아니다.

아마도 항암이 시작되면 담담함보다 우는 날이 더 많을 수 있겠지.

그런데 고정된 대화 패턴에서는 '지금 나의 마음 상태가 괜찮다는 것'을 상대가 믿지 않는 것이 느껴진다.

적절한 슬픔을 베이스에 깔고, 너무 씩씩하지 않으면서도, 동시에 절망하지 않는 건 무얼까?

"따뜻한 아이스 아메리카노 주세요." "문 닫고 들어오세요." "천천히 빨리 와!" 같은 그런 걸 말하는 걸까?

그것이 가능하다고 해도 그러한 태도를 24시간 유지하는 것은 과연 건강한 것일까?

'암환자로서의 나의 삶에 대한 태도와 마음가짐'과 '인간으로서의 삶에 대한 태도와 마음가짐'은 어쩌면 같은 것이어야 하지 않을까 한다.

매일의 삶 속에서 가능한 한 최선을 다하고 순간의 감정들을 잘 느끼며 살아가는 것.

희망을 잃지 않지만 객관적 팩트를 인지하는 것.

만일을 대비하지만 불가능한 욕심은 부리지 않고, 그럼에도 포기하지 않는 것.

한 인간과 한 인간 사이의 대화는 어떠해야 하는가, 나는 타인에게 어떤 의미를 건네는 사람인가를 많이 생각하는 요즈음이다.

암환자든, 한 인간으로든 적절한 태도가 아닌 정직한 태도로 살고 싶다.

5. 평안한 새벽녘의 기도 _ 잠언 말씀에 기대어

2024년 9월 25일

내 아들아 완전한 지혜와 근신을 지키고
이것들이 네 눈앞에서 떠나지 말게 하라.
그리하면 그것이 네 영혼의 생명이 되며
네 목에 장식이 되리니
네가 네 길을 평안히 행하겠고
네 발이 거치지 아니하겠으며
네가 누울 때에 두려워하지 아니하겠고
네가 누운 즉 네 잠이 달리로다.
너는 갑작스러운 두려움도 악인에게 닥치는 멸망도
두려워하지 말라.
대저 여호와는 네가 의지할 이시니라
네 발을 지켜 걸리지 않게 하시리라.

잠언 3:21-26

"갑작스런 두려움도 두려워하지 않을 유일한 이유는 나의 하나님께서 의지할 분, 선하신 아버지이시기 때문입니다.
하나님, 저의 삶을 작정하시고 섭리 가운데 살아가게 하셔서 감사합니다.

제게 허락하신 모든 것이 제게 가장 좋은 것임을 믿습니다."

요즘은 계속 일찍 자는 패턴을 유지했는데, 오늘 오랜만에 예전처럼 깨어있다. 성경 중 잠언에 있는 구절을 읽고 기도를 하고 나니 마음이 평안하다.

내일은 드디어 정밀검사가 있는 날. 나의 몸에 생긴 암세포가 얼마 정도의 크기인지, 어떤 종류인지, 혹시 전이는 없는지를 하루 종일 검사한다. 내일의 모든 시간을 나의 아버지이신 하나님께 맡기고 이제 평안히 잘 수 있을 것 같다. 이미 내 몸에 생겨있는 것들과 그 이유를, 가장 알맞은 치료 방법을, 결과가 나오기 전에는 의사도 모를지언정 나의 아버지는 아실 테니.

오늘 함께 걱정하며 연락 주신 모든 분들, 연락하는 것조차 미안해서 말없이 기도해 주시는 모든 분들, 나를 나 되도록 이끌어주신 모든 분들께 감사하는 밤.
사랑한다고, 곁에 있어주셔서 감사하다고, 덕분에 버티고 있다고 전하고 싶다.

단잠 자요, 우리.

6. **암 진단 후 가장 위로가 된 말들 _
공감해 주는 시집 「살 것만 같던 마음」에 기대어**

2024년 10월 2일

어두운 마음

이영광

모르는 어떤 이들에게 끔찍한 일 생겼다는 말 들려올 때
아는 누가 큰 병들었다는 연락받았을 때
뭐 이런 날벼락이 다 있나, 무너지는 마음 밑에
희미하게 피어나던
어두운 마음
다 무너지지는
않던 마음
내 부모 세상 뜰 때 슬픈 중에도
내 여자 사라져 죽을 것 같던 때도
먼바다 불빛처럼 심해어처럼 깜빡이던 것,
지워지지 않던 마음
지울 수 없던 마음
더는 슬퍼지지 않고
더는 죽을 것 같지 않아 지던
마음 밑에 어른거리던

어두운 마음
어둡던 기쁜 마음
꽃밭에 떨어진 낙엽처럼,
낙엽 위로 악착같이 기어 나오던 풀꽃처럼
젖어오던 마음
살 것 같은 마음
반짝이며 반짝이며 헤엄쳐 오던,
살 것만 같던 마음
같이 살기 싫던 마음
같이 살게 되던 마음
암 같은 마음
항암 같은 마음

「어두운 마음」은 이영광 시인의 시집 「살 것만 같던 마음」의 표제작이다. 파주에 있는 참 아름다운 서점, 쩜오책방 〈마을 시인의 목요시집〉 연재에서 이 시를 보고 가까운 이의 눈물 만큼 큰 위로를 얻었다.

누군가 많이 아프다는 말을 들었을 때, 우연히 뉴스에서 보게 된 사고에 대해 들었을 때, 나와 가까운 사이가 아니더라도 그가 많이 고통스럽지 않았으면 하는 마음, 크게 다치지는 않았으면 하는 마음, 어서 다시 건강해졌으면 하는 마음이 든다. 본능적으로 우리 안에 있는 선함이 바로 그런 지점에서 드러나는 게 아닐까.

그런데 이상하게도 '암환자에게 조심해야 할 말 10가지'에 적어둔 이야기들처럼 가까운 이를 위로하려 할 때 실수를 하는 경우가 많다. 얼른 나았으면 하는 마음과 아프지 않았으면 하는 마음이 한데 뒤섞여, 마음과 말 사이에 벽이 생긴 게 아닐까 싶을 정도로.

그 말들은 대부분 팩트이다. 일을 많이 하고, 쉬지 못하고, 병원에 빨리 가지 못하면 더 많이 아프게 될 가능성이 있는 게 사실이다. 그런데 진심 어린 위로는 팩트를 짚어주는 데 있지 않는 것 같다.

그동안 받은 연락 중 가장 위로가 된 내용을 나누어보려 한다.

전화가 엇갈리네.
하나님이 어찌 그러니.

고난은 한 사람에게 하나만 줘야지 이럴 순 없지.
기죽지 말고 씩씩하게 당당하게 맞서 싸워 이겨.

요즘은 고생은 해도 완치되더라.
우리 집사람도 11년 됐네.

일단 항암 들어가기까지 소고기 많이 먹어서 단백질 수치 올려야 해.
그리고 의사 만나면 적극적으로 하고. 힘들다 징징거리지 말고 항암 다 한다고 해.
과하다 싶어도 재발 안 되게 확실히 해야지. 환자가 힘들다 그러면 의사가 소심하게 나와.

병실은 1인실이나 2인실 잡아. 다인실에 있으면 다른 환자 보면서 마음 약해져.
한 해 해외여행 갔다 치고 병실에 투자해. 대우도 달라.
기도할게.

이 글을 보내주신 분은 벌써 만난 지 30년이 다 되어가는, 꽤 높은 위치에 계시면서도 참 겸손하신 분이다. 하나님을 사랑하고 공익을 위해 자신의 시간과 돈을 들이며 살아가는 분이다.

몇 번 서로 통화가 어긋났음에도 전화를 왜 받지 않느냐며 채근하지 않는 첫 문장부터 마음이 따뜻했는데, 하나님이 어찌 그러느냐는 말이, 고난은 한 사람에게 하나만 줘야 하는데 이럴 순 없다는 말에 위로가 되었다.

그 말이 팩트가 아닌 것을 나도 알고 연락을 주신 분도 안다.

원치 않는 암 진단을 받았지만 그럼에도 내가 믿고 의지해온, 그리고 지금도 의지하고 있는 하나님은 실수도, 실패도 하지 않으시며 참으로 선하신 분이심을 성경에 기반해 믿고 있다. 하나님의 선택과 허용은, 당장에는 이해하기 어렵더라도 내게 가장 선한 것이라 믿는다. 젖먹이 아기가 언젠가는 젖을 떼어야 하고, 엄마 품에 있던 아기가 걸음마를 위해 넘어지는 시간을 견뎌야 하듯, 이해할 수 없는 일들이 돌아보면 나를 성장시키거나 성화시킨 사건이었던 걸 뒤늦게 이해할 때가 많았다. 내 삶의 사건이 아니더라도 욥을 비롯한 성경의 인물들 역시 선하신 하나님의 섭리 안에서 고난의 순간을 살았던 것을 기억한다. 그리고 이 믿음은 살아오면서 실제로 증명되고 있다.

하나님은 이 정도의 이야기가 오간다 해도 '이 녀석들 믿음이 없으니 어디 한 번 당해봐라' 하는 분이 아니심을 믿기에 나온 말들이다.

의사를 만나면 징징거리지 말라는 말도 큰 위로가 되었다. 어두운 시절을 11년 전에 지난 가족의 입에서 나왔기에 위로가 된다. 검소하신 분이 '한 해 해외여행 갔다고 치고 1인실이나 2인실을 가라'고 해주신 말에도 위로가 되었고, 힘이 났다.
'아, 지금은 정말로 내 건강이 가장 우선이구나.'를 생각하게 해주는 말들이었다. 따스한 단어들이 아니었음에도 반짝반짝이며 헤엄쳐오는 항암 같은 마음이 담뿍 담긴 문장들. 어떤 위로보다 크고, 깊이 안아주시는 것 같은 내용이었다.

이제 다음 주면 정말로 항암 스케줄이 나온다.
항암 주사를 맞으면 뜨거운 시멘트에 갇힌 듯한 느낌이 든다고 하던데. 도대체 어떤 정도의 고통일지 가늠이 되지 않지만, 이렇게 반짝거리는 위로를 받으니 그 시간을 잘 지내 살 것 같은 마음이 든다.

징징거리지 말고 최선을 다해 살아야겠다.
살아서 갚아야 한다. 지금 내게 쏟아지는 귀한 마음들을. 낙엽 위로 악착같이 기어 나오는 풀꽃 같은 시간을 보내야지.
항암 같은 마음들을 모아서.

7. 힙한 암환자? _ 암환자도 힙할 수 있는가에 대한 고찰

2024년 10월 4일

얼마 전 친한 교수님과 통화를 하던 중, 그분이 말했다.
"이렇게 말해도 괜찮을지 모르겠지만, 언니는 정말 힙하신 것 같아요!"
(우리의 호칭은 매우 꼬여있는데, 나는 그분을 교수님이라 부르고 그분은 나를 언니라 부른다. 처음 관계를 맺을 때 부른 호칭을 다르게 부르는 걸 어려워하는 나의 성격 탓. 계속 말을 놓아 달라 하는데 들어 드리지 못하고 있다. 죄송합니다, 교수님!)

암환자와 힙함. 매우 어울려 보이지 않는 조합이 아닌가.
살면서 스스로 단 한 번도 '힙하다'고 생각해 본 적이 없던 터라 더욱 당황스러웠다.
(옷도 못 입고, 메이크업도 잘하지 못하고, 뭐든 힙이랑은 거리가 멀다.)
당황했지만 기분이 나쁘지는 않았다. 아니, 그동안 들었던 칭찬 중 가장 기분이 좋은 표현이었다.

몸은 괜찮냐고, 거동을 하실 수 있냐고 묻는 질문에 "이미 오래전부터 몸속에 생겨있던 암을 이제야 발견하고 진단받은 것이니, 당장 몸에 큰 변화가 있지는 않아서 그냥 일상을 살고 있다."라고 답하고 이런저런 근황을 전한 뒤였다.

암 진단을 받고 며칠간 그 단어가 주는 무게에 입맛이 없었지만 다시 밥도 잘 먹고 있고, 해야 할 일들을 차근차근 하고 있다고. 혹시 올 수 있는, 아니 언젠가는 당연히 마주할 나 없는 미래를 준비하며 집안을 정리하고 버릴 것들을 버리는 시간을 보내고 있지만 그건 사실 죽음 때문이 아니라도 언젠가 시간이 생기면 꼭 하고 싶은 일이었다고. 기왕 이렇게 된 거, 가발을 여러 개 사서 조온습(조명, 온도, 습도)에 따라 단발을 했다가 웨이브 장발을 했다가 힙스런 두건을 쓰다가 해보려고 한다고. 암이라는 것이 오지 않았더라면 좋았을 수 있겠지만 이미 온 것, 하나하나 경험해 보며 기록을 하겠다고. 그리고 「암환자에게 해서는 안 될 말 10가지」 이런 책은 꼭 쓰고야 말겠다고 했다.

이런 것이 힙함이라면 브런치 안에는 엄청나게 힙한 암환자분들이 많다. 어려움이 지나간 후 그 일을 기반으로 성장하는 것을 외상 후 성장(Post-Traumatic Growth)이라고 부르는데, 그분들은 이미 외상 후 성장이 아닌 '외상 중 성장'을 보이고 있다.

(나에게 큰 힘이 되어주시는 이름 모를 암환자 선배 작가님들께 박수를!)

한국의 암환자는 진단을 받으면 사형선고를 받은 듯 암막커튼을 치고 방 안에 들어간다는 이야기가 과연 맞나 싶을 정도로 나보다 훨씬 더 일상을 잘 살아가고, 삶을 새로운 시선으로 이어 가는 분들이 많다.

이 얼마나 감사한 일인지.

암환자도 힙할 수 있는가?

힙함이 그런 거라면 지금 내 인생에서 가장 힙해볼 수 있는 시간을 맞이한 것인지도 모른다.

나는 힙한 암환자로 살 것이다.

8. 힙한 암환자, 타투(?)를 하다! _
   임파선 염색이라는 새로운 세계

2024년 10월 7일

살다 살다 임파선에 타투를 할 줄은 꿈에도 생각하지 못했다. 오늘 병원에서 한 시술의 이름은 유도 초음파(Tattooing Localization). 초음파 검사로 임파선에 전이된 부분을 찾은 후, 주삿바늘로 그 부위에 지워지지 않는 염색약을 넣었다. 수술 시 병변의 위치를 확인할 수 있도록, 또 항암으로 병변의 크기가 줄어들더라도 어떤 위치에 있었는지 알 수 있도록 하는 시술인데, 경우에 따라 염색약 자국이 영구적으로 남을 수도 있다고 했다.

초음파 기계로 꾹 꾹 누르며 주삿바늘을 밀어 넣는데, 통증도 통증이었지만 기분이 좀 이상했다. 임파선을 항암으로 줄이거나 수술로 떼어낼 거라는데 어떻게 염색이 영구히 남을 수 있다는 건지 잘 모르겠다.
암의 세계는 진정한 미지의 세계!

생각보다 일찍 마치고 기다리던 디카페인 오트라테를 들고 진료비 결제를 하니…… 오늘은 2천 원!
초음파를 하고 시술을 했는데. 고마운 산정특례 덕분에 음료 값보다 진료비가 더 저렴한 날이었다.

그런데 아무래도 그 짧은 기간 동안 또 임파선에 전이가 더 된 듯하다. 전에 유방외과 교수님으로부터 전이가 세 개 이상이라고 들었기에, 오늘은 몇 개인지 초음파를 보며 타투(!)해 주시는 분께 여쭈었다. "많아요!"라는 답이 돌아왔다.
몇 개나 전이가 된 건지. 피부에도 좀 더 변형이 생겼다.
이쯤 되니 항암이 너무 기다려진다. 무서운데 기다려지는 아이러니한 상황.

내일이면 진단받은 지 거의 한 달 만에 정확한 병기와 아형, 항암 횟수와 시작일을 알 수 있게 된다.
드디어, 드디어 본격적 치료가 코앞이다. 많이 아프겠지만 그래야 나아지니 힘을 내봐야지.

이렇게 또 하루가 갔다. 살아있어서 누리는 것들이 새삼 놀랍다. 아직 남아 있는 머리카락, 수술 전까지는 자유롭게 움직일 수 있는 오른팔, 울렁임 없이 삼킨 세 끼 식사, 그리고 눈썹이 있어 땀을 옆으로 흘려보내준 오늘 하루.
너무나 아름다운 분홍빛 하늘이 있었던 놀라운 날.

얼마 남지 않은 온전한 자유를 만끽해 본다. 타투도 했으니
조금 더 힙하게!
이 글을 읽으시는 분들도 모두 각자의 하루를 만끽하실 수
있기를.
평안한 밤을 누리고 아침에 눈을 뜨는 기적을 맞이하시기를!

9. 그래서 유방암씨의 이름은 _ 삼중양성입니다.

2024년 10월 9일

유방암의 세계는 참으로 무궁무진하다.
그동안 전혀 알지 못했던 여러 가지 용어들이 나의 삶에 쏟
아져 들어오고 있다.
어제 혈액종양내과 교수님을 만나 드디어 나의 정확한 아형
과 병기를 알게 되었다.

호르몬 수용체 양성(에스트로겐, 프로게스테론)과 HER2 수
용체 양성으로, 셋 다 양성이란 뜻의 삼중양성.
임파선에 네 개 전이가 된 3기 초반.

금요일부터 3주에 한 번 선제적으로 세포독성항암과 표적항암을 해서 관해를 시도하고 수술을 하게 된다.

호르몬 수용체 양성 유방암의 경우 여성호르몬에 의해서도 암세포가 증식되므로, 수술 후에는 여성호르몬을 없애기 위해 경구약을 복용하며 강제로 폐경을 해야 한다고. 몇 년 후에 올 갱년기를 당겨서 맞이해야 재발을 줄일 수 있다고 한다.

호르몬 약을 복용하는 동시에 수술 후 표적항암을 12~14차 진행하면 마무리가 되는 과정이다.
3주 간격이 무리 없이 유지된다고 하면 1년 반 정도에 선항암, 수술, 후항암의 모든 표준치료 과정을 마치게 될 듯하다.

이제 드디어 시작이다.
탈모, 구토, 근육통, 피부발진, 모낭염, 소화불량······ 등등등의 부작용이 있다고 한다.
첫 항암 후 14일이 지나면 머리카락이 빠지기 시작한다니 이제 2주간 나의 긴 머리를 즐겨야겠다.
항암으로 살이 빠지면 리즈시절이 돌아오려나!
피부색이 검어지고 온몸에 탈모가 진행된다니 리즈시절을 기대할 수는 없겠지만, 패션의 완성은 헤어스타일이니 다양한 가발과 항암비니를 써보며 패셔니스타가 되어봐야겠다.

항암이라니.
저 멀리 있던 단어가 내 앞으로 쑈욱 들어왔다.
잘 지나가봐야지.
머리를 미는 감정이 어떤 건지, 항암 주사를 맞는 느낌은 어떤 건지, 감으로만 상상했던 '미지의 세계'로 출발이다.
'무지의 출발선'에서 시작하므로 용감할 수 있을 것 같다.

가보자. 삼중양성씨와의 여행.

10. 도세탁셀보다 힘들었던 허셉틴 _
1차 항암을 무사히 마친 날

2024년 10월 11일

퍼제타, 허셉틴, 도세탁셀, 카보플라틴.
앞으로 많이 친해져야 하는 새로운 친구들의 이름이다.
내게 온 손님(유방암씨)의 정체가 삼중양성이기에 그를 작게
만들고, 결국 잘 떠나보내기 위해 앞으로 6번 동안 친하게 지
내야 하는 항암제들의 이름이다.

삼중양성 유방암씨는 그다지 반갑지는 않지만 잘 모시고 있
다가 줄여서 떠나보내야 하는 존재이다. 반면 퍼제타, 허셉
틴, 도세탁셀, 카보플라틴은 매우 반갑지만 나를 힘들게도 할
수 있기에 조심스럽고, 조금은 두렵고, 하지만 고마운, 복합
적인 감정이 들게 하는 존재들이다. 어쨌거나 나는 앞으로 최
소 18주는 좋든 싫든 이 모든 친구들과 동행해야 한다.

그렇다면 어떻게 지내는 것이 좋을까?
피할 수 없다면 누려야겠다고 생각한다. 암을 즐긴다는 건,
특히 항암의 과정을 즐긴다는 건 말도 안 되는 일이겠지만,
그 시간을 오롯이 누릴 수는 있지 않을까. 그건 나의 선택이

니까.

아침 7시에 병원에 1등으로 도착해서(정확히는 6시 50분에 도착해서 접수대가 열리지도 않았다.) 1등으로 창가 침대를 차지하고 1등으로 주사를 맞기 시작했다.

입덧을 7개월 동안, 너무나 심하게 해서 물도 마시지 못했다는 이야기를 들으신 혈액종양내과 교수님은 구토 방지제와 부작용 방지제를 최대치로 처방해 주셨다. 모든 항암 주사를 맞기 전에 무조건 구토 방지제를 투여해서 그랬을까?

퍼제타는 항암제인지 포도당인지 모를 정도의 느낌으로 지나갔다.

허셉틴은 '오, 요 녀석도 괜찮은데?' 하고 있다가 마지막 20분을 남겨두고 오한이 나서 투약을 잠시 중단해야 했다. 열을 재보니 37.6도. 허셉틴 투약을 중단하고 해열제를 맞은 후, 컨디션을 회복했다. 그리고 다시 20분간 투약.

허셉틴에서 제동이 걸리니 마의 도세탁셀을 맞기가 약간 겁났다. 맞다가 심장이 멎어서 쓰러진 내 친구의 이야기가 귀에 왕왕 울리는 것 같기도 했다. 하지만 어쩌겠는가. 내게 어떤 증상이 나타나든 이 녀석이 가장 강력하게 내 유방암씨를 떠나보내게 해준다는데.

주사가 들어가는 동안 '퍼져라, 퍼져라! 어서 나의 멍울들을 줄여라…….'라고 생각하며 맞았다.

(집에 와서 촉진을 해보니 그대로인 것 같아서 약간 슬펐지만, 한 술 밥에 배부르려던 생각이 잘못이었다.)

걱정과는 다르게 도세탁셀은 허셉틴에 비하면 비타민 주사의 느낌이 들었다. "울렁이고, 열이 나고, 두드러기가 나고, 심장이 아프고, 얼굴이 빨개지고, 옆구리가 뒤틀리도록 아프거나(?) 하면 바로 부르세요!"라던 간호사님이 여러 번 오셔서, "아직도 괜찮아요?" "지금도 괜찮아요?" 하신 걸 보면 정말로 무난히 지나간 것 같다.

잠시 쉬면서 다시 구토방지제를, 그리고 마지막으로 카보플라틴을 맞았다. 약간의 피로감이 초반에 들었다가 가셨다.

그렇게 장장 7시간 30분의 첫 항암을 마쳤다.

남편은 입원 중이었고, 부모님은 운전을 해주실 수 있는 형편이 아니었기에, 보호자도 없는 날이었다. 그런데 친구가 아침에 운전을 해주고, 함께 있어주고, 입원 중인 남편이(희한하고 감사(?)하게도 같은 병원 뇌혈관 쪽 환자로 입원 중) 친구가 떠나야 할 때 내려와주고, 곧 친정엄마가 오셔서 빈틈없이 보호자석이 채워졌다. 돌아오는 길엔 친구의 새언니가 병원으로 오셔서 집까지 데려다주셨다.
이건 무슨 복일까. 1차 항암 날이 선물보따리 같은 느낌이었다.

앞으로 차수가 더해질수록 힘든 시간이 찾아온다고 한다.
가깝게는 2~3일 뒤에 메스꺼움이 시작되고, 백혈구 증가를 돕는 주사를 맞고 나서는 아주 많이 아파질 거라고 한다.
예견된 아픔에 잠식되어 괴롭기보다는 오늘의 감사와 기쁨을 누리려 한다. 아픔이 오는 날엔 또다시 그때의 생각들이 잘 찾아와 주기를 바라며.

2년 전 같은 유방암을 만나 선항암, 수술, 후항암을 하면서 너무 많은 부작용으로 힘들어했던 내 친구도 결국엔 모든 게 다 지나가 활발히 사회생활을 하고 있다. 나 또한 그럴 수 있을 것을 기대하며 2차 항암까지 잘 지내봐야겠다.

부디 이 세상의 모든 아픔을 가진 이들이 평안한 밤을 누리실 수 있는 하루이기를!

11. 열일하는 항암제 _ 드디어 시작

2024년 10월 14일

뼈마디가 녹는 느낌,

음식에서는 고무 씹는 맛.

구내염, 장 문제, 근육통, 울렁임, 발 저림.

지인 중 이 시간을 지난 암 선배님들께 들은 부작용 증상들

중 일부다.

드디어 그 말의 뜻을 체감하기 시작했다.

항암제가 듣기 시작했다는 뜻이겠지.

오전에는 가정방문간호사 선생님이 찾아오셔서 배에 백혈구

증강제(?)를 투약해 주셨다.

내 배, 내 가슴, 내 몸은 이제 내 것이 아닌 공용의 것.

나을 때까지는 내 몸은 공공재라 생각해야지 싶다.

이 약이 몸에 돌면 아프기 시작한다더니, 몸 상태가 확실히

어제와 천지차이다.

오늘 잠시 나갔다 와야 할 일이 있었는데 제자가 집 앞에 데

리러 왔다가 일을 마치고 다시 데려다주었다.

내일은 둘째 현장학습 날인데 같은 반 엄마가 도시락을 싸주시기로 했다.

한 친구는 언제든 뭐든 이야기하라며 끝까지 함께 가자고 한다.

이 귀한 마음들을 갚으려면 이 밤을 잘 버텨야 한다.

쑤시는 뼈마디는 암세포가 죽고 있다는 증거이고, 입맛이 없는 것도 항암제가 혀까지 도착했다는 뜻일 테니.

내일 더 아프면 요양병원으로 가야 하나 고민이다.

내일 일은 내일 생각하고, 우선은 눈을 좀 붙여보자.

어제는 네 번 깼는데, 오늘은 몇 번 깨려나…….

12. 무(無) 맛 패션프루트 _ 항암 후 미각 손실의 정도

2024년 10월 16일

항암 1차 후 6일째 되는 날이다. 결국엔 입원을 하게 되었다.
호중구 촉진제(백혈구 촉진 주사)를 맞고 기절할 만큼 아파
도저히 집에 있을 수가 없었다.

감사하게도 심한 몸살기는 여러 가지 치료를 통해 좀 나아졌
다. 여전히 남은 것은 발끝 저림, 근육통, 오심[8], 어지럼증 등
의 증상들이다.

후유증 중 가장 심한 건 미각의 상실.
오심만 있으면 울렁임을 누르고 무엇이든 먹겠는데, 오심에
미각이 상실되니 먹기가 쉽지 않다.
입원 후 2킬로가 빠졌다. 유후!
그런데…… 이건 기뻐해야 할 일은 아니란다.
(그토록 바라던 체중감량이건만!)

---

8) 위가 허하거나 위에 한, 습, 열, 담, 식체 따위가 있어서 가슴 속이 불쾌하고 울렁거리며
   구역질이 나면서도 토하지 못하고 신물이 올라오는 증상

암환자는 암이랑 싸울 게 아니라 항암 부작용과 싸워야 한다고 들었다.

암세포와는 항암제가 싸워주고 있으니, 항암을 견뎌야 살아남는다는 것이다.

항암을 견디기 위해 가장 중요한 것은 체력을 비축하고 면역을 증강시키는 것. 그러기 위해 열심히 먹어야 한다.

그걸 알지만, 먹어야 산다는 걸 알지만, 먹는 게 고역이고 죽을 맛이니 이러지도 저러지도 못한다. 고무처럼 느껴지는 음식을 씹어 넘기느라 식사 시간이 괴롭다.

오늘은 치료받는 내내 냉면 생각이 간절했다.

당뇨가 찾아온 후 제대로 먹어본 적 없는 냉면이.

시원하고 새콤달콤한 육수를 들이켜고 쫄깃한 칡냉면을 먹는다면, 왠지 속이 뻥 뚫릴 것 같았다.

그 맛을 상상하며 고온산소통에 들어가서 입맛을 살리려 애를 썼다.

치료 후 점심을 먹으러 내려가니, 세상에 특식으로 열무국수가 있는 것이 아닌가!

냉면까지는 아니어도 왠지 속이 뚫릴 것 같아 너무 기쁜 마음에 한 입을 먹었다.

그런데, 슬프게도 열무 국수에서는 고무줄 씹는 느낌이 났다. 이럴 수가.

겨우 몇 술 뜨고 후식으로 나온 패션프루트를 먹어보았다.

그래도 새콤의 대명사이니 맛이 날 것을 기대하면서!

하지만…… 그건 무(無) 맛이었다.

톡톡 씹히는 느낌은 있으나 혀에서는 아무런 맛이 느껴지지 않았다.

'이럴 수가. 패션프루트 너마저!'

모든 음식이 무색무취의 느낌이다.

입덧 때는 그래도 내 뱃속에 사랑스러운 아이가 자라고 있다는 느낌에 참는 것이 의미가 있었건만.

'그래. 이 시간을 지나면서 나의 유방암씨도 작아지고 있겠지.'

먹어야 산다. 내일도 어떻게든 먹어보자.

내일은 내일의 無맛 음식들이 기다리겠지만.

미각. 그것은 하나님이 주신 어마어마한 선물이었음을 깨닫는다.

내일 부디 딱 하나라도 맛이 나는 음식을 만날 수 있기를 바라며!

13. 항암 부작용과 함께한 특별한 생일 _ 밥 대신 사랑을 먹다

2024년 10월 18일

오늘은 아주 특별한 날이었다.
병원에서 맞이한 생일.
태어난 날을 제외하고 병원에서 생일을 맞은 건 처음이었다.

어제부터 오심이 더 심해져서 계속 링거를 맞았다.
토하더라도 먹어야 한다기에 억지로 밥을 밀어 넣었더니 점점 식사 시간이 스트레스로 다가온다. 결국 오늘 점심은 건너뛰고 저녁은 간호스테이션에 가서 취소를 부탁했다.
미역국 대신 링거를 맞고 밥 대신 이온음료를 마시다니, 태어나서 처음 해보는 경험이다.

통증치료를 받으면서도 너무 아팠고 구토를 할 것 같이 어지러워 괴로웠다. 극기 훈련을 받은 다음 날 아침에 일어나 한 번 더 두들겨 맞은 것처럼 온몸이 아팠고, 입에 왁스를 물고 기름 가득한 배에 올라탄 것 같은 어지럼증과 구역감에 시달렸다.

치료사 선생님이 정말 친절하고 따뜻하게 치료를 해주셨는데도 웃기가 어려울 정도였다.
다양한 항암 부작용과 함께한 특별한 생일!

그럼에도 사랑하는 이들이 병원으로 찾아와 주고, 독일에서 비디오콜을 해주고, 정말 많은 분들이 문자와 카톡, 전화로 생일 축하를 해주셔서 감사하게 기억된 날이었다.

밥은 먹지 못했지만 사랑을 먹었다.
평생 잊지 못할 오늘.
아직까지 머리카락이 빠지지 않아서 사진도 남길 수 있었던 오늘.
그 어떤 생일보다 행복했다.
비록 병원 식사는 취소했지만, 행복은 취소하지 않아서 참 감사한 날이었다.

내일은 오늘보다 조금 더 먹을 수 있기를.
받은 사랑 기억하며 힘을 내보자.

14. 항암 1차 부작용의 쓰나미 _
가장 강력한 진통제는 책이다

2024년 10월 26일

브런치 플랫폼에 연재를 시작한 후 한 번도 쉬지 않고 월, 수, 금에 글을 썼는데 이번 주는 도저히 글을 쓰지도, 올리지도 못했다. 노트북을 열어보니 첫 화면에 일주일 전 켜둔 피피티가 그대로 있다.

학교에서 강의를 시작한 후로 이런 적이 없었는데, LMS(Learning Management System, 학습 관리 시스템)로 진행하고 있는 학교 수업 과제도 이제야 올렸다.
정말로 강력한 항암제 부작용의 쓰나미를 한 주 내내, 아니 항암 3일차부터 지금까지 겪고 있다.

오심이 사라지지 않아 계속 주사를 맞았는데도 해결이 되지 않다가 오늘 아침에야 겨우 그 기세가 꺾였다. 입맛은 여전히 돌아오지 않았지만 화학약품 가득 실은 배를 타고 있는 느낌이 없어지니 너무나 살 것 같다.

항암 14일 차였던 어제는 탈모가 본격적으로 시작되었다. 14일 차 되면 머리카락이 빠진다더니, 정말 놀랍게도 머리가 우수수 떨어졌다. 머리를 감는 내내 온몸에 달라붙는 머리카락들. 머리를 말리며 잡은 손에 그대로 남는 뭉텅이들. 엉킨 곳을 빗었더니 한 움큼이 떨어진다. 머리를 뭉쳐 공으로 만들었더니 고양이 털실뭉치 같은 게 몇 개나 만들어졌다. 이대로 두었다가는 골룸이 될 것 같아 머리를 밀고 가발을 구입해 왔다.

다행히 생각보다 충격적이지는 않았다. 여러 번 마음속으로 시뮬레이션을 해봤고, 머리는 언젠가 자라는 것이니 크게 신경 쓰지 말자고 생각해 왔다. 오히려 충격적이었던 건, 머리를 밀 때 내 모습에서 친정 아빠의 모습이 더 깊고 진하게 느껴졌다는 것.

집에 오니 둘째는 깔깔 웃었고(이전부터 엄마가 민머리가 되면 한 번만 웃어도 되느냐 허락을 받아 놓았다.) 첫째는 생각보다 괜찮다며, 외삼촌이랑 닮았다고 위로(?)해주었다.
남편과 저녁을 해주러 와 계시던 엄마는 두상이 예쁘다고 칭찬(!)해주었다.

영화 G. I. Jane의 데미무어가 된 느낌이다. (물론, 머리만.)

머리가 가볍고, 시원하고, 여러모로 생각보다 나쁘지 않다. 무엇보다 0.5mm 남은 머리카락을 뒤로 쓸어 넘길 때의 촉감이 강아지를 만지는 것 마냥 기분이 좋다. 이 머리카락들도 곧 다 빠진다고 하니, 며칠간 자주 쓸어 넘길 예정이다.

새로운 일이 가득한 이 시간을 지탱해 주는 건 역시 책이다. 나의 최고 진통제.
이번 주 내내 누워서 아스트리드 린드그랜의 「마법의 섬 살트크로칸」, 니콜 슈타우딩어의 「새드엔딩은 취미가 아니라」, 이민진의 「파친코」 1, 2권을 읽었다. 이제는 안희연 시인의 「당근밭 걷기」를 읽고 있다. 힘이 없어 누워있는 시간이 많아 할 수 있는 것이 책 읽는 것뿐이다. 울렁이지만 않는다면 천국에 와 있다고 여겨질 시간이다.

유방암은 나에게 참으로 많은 것을 가져다주었다.
아픔과 고통, 상실과 슬픔. 하지만 그를 덮고도 남을 사랑, 기쁨, 감사, 환희도 가져다주었다.

겨우 1차를 지나고도 이렇게 많은 감정들을 경험하고 있으니 앞으로 남은 긴 여정에 어떤 일들이 찾아와 줄지 기대해 본다.
달콤쌉싸름한 인생이 항암의 시간 안에 담겨있다.

15. 삼중양성 유방암 진단에서 지금까지 _
예측이 어려운 암환자의 타임라인

2024년 12월 10일

4월	어느 날 오른쪽 가슴에서 멍울 발견
6월	우간다 봉사
8월 8일	인근 아산미즈영상의학과의원에서 초음파 및 조직검사
8월 12일	아산미즈영상의학과에서 유방암 진단, 3차병원 전원 소견
9월 13일	삼성서울병원 정밀검사
9월 26일	삼중양성 유방암 3기 초 진단: 선항암 6회(표적+독성), 전절제 수술, 후항암 12회 혹은 14회 예정
10월 11일	1차 항암
10월 15일	오쿨리한방병원 입원
10월 23일	오쿨리한방병원 퇴원
10월 31일	2차 항암
11월 2일	오쿨리한방병원 입원
11월 4일	삼성유외과(삼성서울병원 예약이 불가해 연계 병원으로 예약) 케모포트 시술

11월 7일	38.9도 발열, 혈압 60/40mmHg
11월 9일	구급차로 삼성서울병원 응급실 내원, 혈액검사, CT, 엑스레이 촬영
11월 10일	케모포트 감염 소견으로 혈액배양검사 시행, 삼성서울병원 병실 부족으로 다시 오쿨리한방병원 입원
11월 10일 밤	혈액배양검사 결과 양성, 다시 삼성서울병원 응급실 내원
11월 11일	병실 부족으로 대기하던 중 감염내과로 입원 결정, 하루 3번 정맥주사 항생제 치료 시작(4주 예정)
11월 12일	(삼성서울병원에서) 케모포트 제거 수술
11월 13일	수술 부위 혈전 발견, 항생제 치료 6주로 연장
11월 22일	감염내과에서 암병원으로 전동
11월 26일	입원 중 3차 항암

2차에서 3차까지 오는 과정이 너무나 길고 스펙터클했다.

자세한 내용을 쓰기 전에 날짜 정리를 한 번 해보고 싶었다.

예상하지 못한 일을 많이 만나게 되는 암환자의 타임라인.

고비를 잘 넘기고 살아있어 참 다행이다.

매일 눈을 뜨며 느끼는 첫 숨결과 햇살이 감사하다.

16. **4차 항암의 날 _ 혈관아 힘을 내!**

2024년 12월 17일

드디어 기다리던(?) 4차 항암 날이 도래했다.

예상하지 못했던 케모포트 감염으로 인해, 3차에 이어 4차 항암도 여전히 병원에서 맞이하게 되었다.

또 다른 이슈가 생겨서 4차 항암 날이 밀리면 어쩌나 싶었는데 다행히 1, 2차보다 수월하게(하지만 할 것은 다 하며) 3주를 지나왔다. 아무래도 조금 몸에 문제가 생기면 바로바로 처치를 받을 수 있었기 때문이지 않을까 싶다.

삼성병원에 입원해 있는 시간 동안 몸의 치료뿐 아니라 마음의 치료도 받는 느낌이 든다. 의료진의 태도는 몸도 마음도 약해져 있는 환자들에게 지대한 영향을 미친다.

병원생활을 해보니 이 병원 역시 의료진이 턱없이 부족해서 담당 교수님부터 간호사 선생님들까지 모두 과부하가 걸려 있는 것이 눈에 보인다. 담당 교수님은 본인 몸이 아픈 상황에서 당직을 징검다리로 하고 계신다. 그럼에도 회진마다 눈을 마주치고, 질문을 기다려주시고, 성의껏 답해주시는 것이 얼마나 감사한지 모른다.

2교대 근무로 12시간씩 깨어있다 다시 돌아오시는 간호사 선생님들도 얼마나 친절하신지. 불편한 곳 없는지 살펴주시고, 파이팅도 외쳐주시고, 새벽에 검사를 하거나 주사를 주셔야 할 때는 얼마나 조심스럽게 해 주시는지⋯⋯. 어디에서 이런 배려를 받아봤나 싶은 시간들이다.

무엇보다 '환자분'이라고 부르지 않고 이름을 불러주어 감사하다. 유방암 환자라는 정체성보다는 나로서 유방암을 만나 적극적으로 치료받고 있다는 생각을 하게 한다.

이번 한 주는 매우 괜찮은 컨디션이 유지됐다. 오심, 구토도 거의 없어서 밥도 잘 먹었고, 하루 만 보씩 병동을 돌며 근육도 잘 만들어 두었다. 이 정도면 4차 항암 후유증을 견딜 힘을 비축해 놓은 것 같다.

문제는 혈관이다. 케모포트 감염으로 혈전이 생겨버려 왼쪽 팔의 혈관을 쓸 수 없는 상태이다. 오른쪽 팔은 5주나 쓰다 보니 거의 모든 혈관이 다 터져 버렸다. 혈관을 확보해도 하루 만에 계속 터지고 약이 역류해서 흘러나오고 있다. 다른 건 그래도 괜찮은데, 쓸 혈관을 거의 다 쓴 상태에서 도세탁셀을 투여하다가 약이 새어 버리면 피부가 괴사[9] 할 수 있다

---

9) 조직이나 세포가 부분적으로 죽는 일

무얼 먹어도 쓰고 메스껍다.

먹어야 살기에 꾸역꾸역 먹으려 하지만 잘 되지 않는다.

거울 속에 비친 나는 얼굴이 반쪽이 되어있고 다크서클은 이미 온 얼굴을 덮은 듯 보인다.

다행히 '왜 나에게 이런 일이'와 같은 생각은 들지 않는다.

인생을 살다 보면 무슨 일이든 만날 수 있고, 섭리와 허용 안에서의 무한한 가능성이 있음을 믿기 때문이다.

'앞으로 어떻게 해야 할까'는 생각지 않기로 했다.

당장 하루를 사는 게 중요하고, 앞으로를 계획한다고 하여 그 일이 일어날 것이라는 보장이 없다. 맡겨진 일에 대해서는 최선을 다하되, 너무 멀리 생각하지 않는 것. 그게 지금 나의 마음을 지키는 길이다.

사실 당장 큰 수술이 기다리고 있지만 거기에 대해서도 생각하지 않고 있다. 암 카페 후기도 보지 않는다. 시간은 흐를 것이고 수술대에는 올라야 한다.

얼마나 아플지, 수술 후 어떤 상태일지도 생각하지 않는다.

그 또한 닥치면 당하고, 견디고, 기다려야 하는 일이기에.

그래서 외롭다.

든든한 응원군들이 존재해도 결국 또 혼자 감당해야 할 것들
이 기다리니까.

외롭지만, 허락된 괴로움, 슬픔, 아픔, 고난, 사망의 골짜기들
을 감내하며 걸어보려 한다.
암환자가 되어 느껴지는 다채로운 감정을 오롯이 누리는 것,
그게 어쩌면 암이 함께 가지고 온 인생의 선물일지도 모른다.
지금 당장에는 이해할 수 없을지라도.

18. 항암 6차 후유증의 고통과 뇌 MRI 촬영 _
그리고 삶을 견디는 기쁨에 대하여

2025년 2월 21일

헤르만 헤세의 에세이 「삶을 견디는 기쁨」에는 '힘든 시절에
벗에게 보내는 편지'라는 부제가 붙어 있다. 소울메이트인 사
샤가 데이지꽃 화분과 함께 준 선물이다.
고통에 몸부림치던 밤을 보낸 아침, 아래의 구절에 위로를 받
았다.

"저녁이 따스하게 감싸주지 않는
    힘겹고, 뜨겁기만 한 낮은 없다.
    무자비하고 사납고 소란스러웠던 날도
    어머니 같은 밤이 감싸 안아주리라."

고통이 있긴 했으나 고통만 있지는 않았기에 눈을 뜰 수 있었던 아침이었다.

요즘에는 거의 책을 읽으며 시간을 보낸다.
이불을 정리하거나, 책상을 닦는다거나, 김치찌개를 끓인다거나(이건 거의 초인적인 힘이 필요하다.) 하는, 아주 조금 힘을 쓰는 일을 하고 나면 바로 누워야만 하는 체력의 소유자가 되어버렸기 때문이다. 하루에 3~4가지의 일정을 파주, 양평, 천안, 홍천 할 것 없이 다녔던 나로서는 무용한 인간이 된 것 같아 괴롭다.

내가 지금 이런 상태라는 이야기를 들은 친구는 "무용이라니! 생과 전투하고 있는데 이것보다 크고 귀한 일이 어딨어?"라고 말해주었다. 나보다 더 치열하게 삶을 살아낸 친구, 화상경험자로「꽤 괜찮은 해피엔딩」,「지선아 사랑해」 등을 써낸 내 친구의 이야기이기에 위로가 되었지만 그래도 내가 쓸모없는 사람이 된 것 같은 마음을 한순간에 버리긴 어려웠다.

왜 나는 '무언가를 제대로 하는 상태'의 나만을 인정하는 사람이 되어있을까. 그저 침대 위에 누워서 고통 중에 있거나, 조금 나아져서 책을 읽는 나 역시 충분히 괜찮을 텐데.

내 주변 누군가 유방암 3기 6차 항암 끝에 책을 읽고 있다고 하면 나 또한 도시락을 싸들고 말리면서 그냥 누워서 쉬라고 할 것이건만, 객관적으로, 이성적으로 나 스스로를 보기가 너무나 어렵다.

내 마음가짐을 바꾸는 것은 나 스스로 해결해야 하는 외로움 중의 일부분이다.

하루 종일 바늘로 찌르는 것 같은 통증에 시달린다. 특히 손끝과 발끝이 말로 다 표현할 수 없을 만큼 아프다. 아주 뾰족한 핀이 잔뜩 박힌 물건을 꽈악 잡고 있는 느낌이다.
겨우 일어나 앉아 자판을 두드리는 지금도 손톱이 빠질 것만 같이 아프다. 실제로 왼손 손가락은 퉁퉁 부었고, 중지와 검지의 손톱이 들리고 있다. 계속 자판을 두드리다가는 손톱이 자판 틈새에 끼어 빠질 것 같다.

몸은 화학약품 실은 배를 타고 입에 왁스를 물고 파도와 싸우는 느낌이 계속된다. 뭘 먹어도 느끼하고, 왜곡된 맛이 혀

끝을 감돈다.

6차 항암 후 받은 종합 검사 결과가 그렇게 좋지는 않다. 처음 발견했을 때보다 종양 크기가 작아지긴 했지만 3차 항암 후 했던 검사 결과보다는 나빠졌다. 작아졌던 종양이 다시 커진 것이다. 독한 항암제를 쓰고 있음에도 불구하고 종양이 다시 커졌다니. 게다가 뇌 전이 여부를 확인하기 위해 MRI까지 찍어둔 상태다. 세상이 빙빙 돌며 침대가 360도 돌아가는 느낌이 지속되었기 때문이다.

3월에는 11시간의 수술, 아마도 14차례 캐싸일라 후항암(기대했던 것보다 독한 약과 장기간의 치료), 방사선 치료들이 기다린다.
수술 중 눈을 감았으면 좋겠다는 무책임한 바람까지 들었던 이번 주의 시간을 지나고 있다.
무자비하고 사나운 시간들이다.

삶을 견딜 수 있는 기쁨이 필요한 시간.
살아있음에 감사하며 무용한 시간을 견디고 나를 인정해주어야 하는 시간.
살아야 하는 이유를 찾아 살고자 하는 의지를 가져야 하는 시간.

어쩌면 지금 이 순간이 지금을 사는, 앞으로를 살아야 할 나
에게 가장 절박한 시간인지도 모른다.

나를 가장 잘 아시는 전능자, 가장 선하신 그분이 이런 경험
을 선물하신 이유를 나는 다 이해할 수는 없다. 하지만, 지나
온 삶을 되돌아보기에는 가장 좋은 시간이다.

헤르만 헤세를 힘입어, 스스로 발견해야 하는, 삶을 견디는
기쁨에 대하여 생각하는 시간.

19. 무지 _ 알지만 아무것도 할 수 없을 때의 마음

2025년 3월 2일

먹어야 하는데 먹기가 싫다.
걸어야 하는데 걸을 수가 없다.

하루 종일 견뎌야 하는, 그러나
견뎌지지 않는 고통.

손톱이 손가락에서 떨어져 나가고 있다.

세상에서 떨어져 나가는 건 두렵지 않다.
살아내야 할 고통과 슬픔이 두렵다.

곁에 있는 이들에게 짐이 되고 싶지 않다.

살려면 걸어야 한다.
살려면 먹어야 한다.

지지난 주 6차 항암 후 사경을 헤맬 때의 마음.
기록해 두고 기억할 마음.
2주간 경험해 본 힘들었던 마음.

다시 힘을 내어본다.

20. 심부하복벽동맥천공지피판술 _
　　이름도 긴, 하지만 성공한 나의 유방암 수술

2025년 3월 29일

삼중양성 유방암 3기 초반, 림프절 전이.
작년 9월 정밀검사 후 받았던 소견이다.
어느새 6개월이 훌쩍 지나 6차례의 선항암과 유방 전절제 후
동시복원수술을 완료했다.

다시는 경험하고 싶지 않은 세포독성항암의 부작용은 여전
히 몸 곳곳을 괴롭힌다. 손발이 저리다 못해 전기가 오르고
바늘로 찌르는 것 같은 말초신경병증은 여전히 진행 중이다.
온 집안이 360도 돌아가는 증상은 이석증 때문이었던 것으
로 밝혀졌는데, 그 과정에서 촬영한 뇌MRI 검사 결과 이상
소견이 발견되었다. 이에 뇌졸중센터에서 1차 검사를 받았
고, 뇌 전이 여부는 추적관찰하기로 한 상태다.

암은 혼자 오지 않고 수많은 병증들을 데리고 나를 찾아왔다.
각각이 다 새롭게 아프건만 이 모든 게 '항암 부작용'이라는
한 마디로 퉁쳐진다. 먼 나라 이야기인 줄만 알았던 다양한

병증이 내 몸 안에 다 들어와 자리를 잡았다. 하지만 다행이면서 감사하게도 (이 모든 부작용과 후유증에도 불구하고) 수술은 미루지 않고 받을 수 있었다.

수술은 회복시간 1시간을 포함해 12시간 동안 진행되었다.
여기저기 침범한 암 덩어리 때문에 오른쪽 유방 피부의 일부를 남기고는 전절제로 드러낼 수밖에 없었다.
도합 51개월 동안 두 아들을 먹이느라 고생한 나의 유두도 사라졌다.
(모유수유를 열심히 하면 유방암에 걸리지 않는다 했는데 이 어쩐 일인지.)
겉모습에 그다지 관심이 없는 편이었으므로 원래는 복원술을 하지 않으려고 했다. 몸도 마음도 아마조네스의 전사처럼 살아보면 어떨까 생각했다. 하지만 복원을 하지 않으면 척추가 휘는 등 다양한 후유증에 노출이 된다는 이야기를 듣고 다시 복원을 하기로 결정했다.

복원에도 자가조직 복원, 보형물 복원 등 다양한 종류가 있었다. 어떤 방법을 하든 스스로 결정하고 견뎌내야 했다. 케모포트를 넣은 지 4일 만에 감염이 되어 패혈증으로 6주간 입원하는 등 큰 이슈가 있었기에 몸에 다른 물질을 넣는 것이 염려되어서 자가조직 복원을 선택했다.

자가조직 복원 방법 중 하루에 딱 한 명만 수술할 수 있다는,
이름도 길고 긴 심부하복벽동맥천공지피판술을 받았다.
복부의 지방과 동맥을 포함한 혈관, 피부를 떼어내 오른쪽 유
방으로 이식하는 큰 수술이었다. 지름 2mm의 혈관을 오로지
손으로 직접 꿰매어야 하는, 엄청나게 정밀한 수술.

복부에 잘 간직해 둔(?) 지방이 활약을 해주다니.
세상은 오래 살고 볼 일이라는 생각을 했다.
내 인생에는 없을 줄 알았던, 전혀 고려하지 않았던 '성형외
과' 수술을 한 것이다. 덕분에 왼쪽 옆구리부터 오른쪽 옆구
리까지 긴 흉터가 생겼다.

수술은 아주 잘 되었다고 한다.
놀랍게도 수술 후 배액관 쪽 외에는 드레싱을 하지 않았다.
내부는 녹는 실로, 피부 쪽은 인체용 본드로 수술을 했기 때
문이다. 본드가 잘 붙어있는지 확인을 하신 주치의 선생님은
"100점, 100점!"이라며 기뻐하셨다. 내 가슴의 모습과 안위를
나보다 더 기뻐해주는 상황이라니. 참으로 희한한 감정이 들
었다.

이제 배에서 뛰던 동맥은 나의 가슴에서 뛰고 있다.
아이를 낳느라 불어났던 나의 지방과 피부는 아이의 모유수

유를 위해 포기했던 가슴이 되어 예쁘게 자리 잡았다.
인생은 참으로 알 수가 없는 스펙터클한 여행길이다.
구불구불 가고 있는 나의 인생길.
눈물의 골짜기를 지나 예쁜 데이지가 가득한 꽃밭을 만나기
도 하고, 돌무더기를 헤쳐 푸른 초장을 만나기도 하는.

그런 나의 인생을 사랑한다.

21. 아참, 그리고, 완전관해 되셨네요 _ 항암이 준 선물

2025년 4월 5일

어제 그제는 병원 투어가 있었다.
뇌졸중센터, 성형외과, 혈액종양내과, 외과.

뇌졸중센터에 내원한 것은 6차 항암 이후 심한 어지럼증 때
문에 찍은 뇌MRI에서 종양처럼 보이는 것이 발견되었기 때
문이다. 천만다행으로 뇌에 생긴 것은 모양이나 크기를 볼 때

전이된 것은 아닌 듯하다고 했다. 되돌아보니 가슴을 쓸어내
릴 일이 많은 항암기간이었다.

성형외과에서는 복원을 위해 수술한 곳의 상태를 점검했다.
아직 덜 아문 세 군데의 상처를 치료하는데, 원래 지금쯤에는
다 아물었어야 하는데 아마도 당 때문에 늦어지는 것 같다고,
당 관리를 잘해야 한다고 했다. ABO혈액부적합으로 태어나
메니에르, 당뇨, 암, 이석증에 뇌졸중까지. 스펙터클한 내 인
생.

혈액종양내과에 내원해서는 앞으로 하게 될 표적항암에 대
해 들었다. 완전관해가 되었기 때문에 케싸일라가 아닌 허셉
틴, 퍼제타를 함께 맞게 될 거라고 했다.

그러고 보니, 외과 진료 때 재미난(?) 일이 있었다.
다른 이야기를 한참 하다가 주치의 선생님께서 갑자기 이렇
게 말씀하시는 것이었다.
"아참, 그리고, 완전관해 되셨네요."
6차 항암 이후 전신검사를 했을 때 MRI상 종양이 더 커졌다
고 했고, 초음파에서도 종양이 보인다고 해서 완전관해는 기
대하지도 못했었다. 종양이 더 커졌다는 소견을 들은 후에

는 임파선 쪽만이라도 관해되어 추가 곽청술[10]을 하지 않기
만을 바랐는데. 당연히 캐싸일라로 14번 항암을 더 할 것이라
각오하고 있었는데.

갑자기 완전관해 소식이라니!
그것도 다른 설명 도중 스치듯 들은 이야기라서 더 당황스러
웠다. 6차례 했던 선항암이 아주 잘 되어서 암 덩어리들이 다
사라졌다는 것이다.
MRI나 초음파 검사 상에서 커진 것처럼 보였던 종양은 실은
종양이 아니라 염증이었을 수도 있다고.

물론 눈에 보이는 암세포가 없어졌다는 의미라 후항암, 방사
선, 타목시펜 복용은 당연히 해야 한다. 그럼에도 재발 가능
성이 현저히 줄었다는 뜻이기에 참으로 감사한 일이다. 후항
암 역시 정상 세포에는 독성이 없는 표적항암제를 사용하게
되어 부작용도 덜하게 되었고.

지난했던 세포독성항암과 표적항암의 시간.
이석증과 뇌졸중을 얻긴 했지만 그럼에도 불구하고 참으로
감사하게 지나왔다. 우선 죽지 않고 살아있고, 단 한 번 미뤄

---

10) 겨드랑이 임파선 제거 수술

진 것을 제외하면 일정대로 항암치료를 받을 수 있었고, 결국 적절한 시기에 수술을 받아 완전관해가 되었다.

잊을 수 없는 작년 8월 12일. 조직검사 결과 "암이네요."라는 말을 들은 날.
암환자로 살아간 지 벌써 만 8개월이 다 되어간다.
큰 산을 두 개 넘기고 몇 개의 오름을 앞두고 있다. 후항암, 방사선, 타목시펜 복용도 한 걸음씩 잘해봐야지.
이 글을 읽는 지금 항암하고 계신 분들이 꼭 완전관해 되셨으면, 5년차 되신 분들이 완치되셨으면 좋겠다.

나 또한 앞으로 5년 뒤에는,
"아참, 그리고, 완치되셨네요."라는 이야기를 들을 수 있기를.

22. 방사능치료?! _ 친구들의 귀여운 실수들

2025년 4월 15일

아만자의 삶에는 새로운 단어가 가득하다.

HER2 양성(허투라고 부른다), 호르몬 양성, 삼중양성, 삼중음성, 염증성 유방암, 전이성, 침윤성, 제자리암, 허셉틴, 퍼제타, 도세탁셀, 페스코······.

암의 타입은 왜 그리 다양하고 치료 방법도 다양한지.

나야 당사자이니 자꾸 들어 입에 붙고 이해가 가지만 친구들은 자꾸만 귀여운 실수를 한다.

어제는 한 친구가 "언제부터 추적치료(표적치료)를 하느냐?" 물었고, 오늘은 다른 친구가 "방사능치료(방사선치료)는 어디에서 하느냐?" 물었다. 자칫 우울할 수 있는 순간들에도 친구들 덕에 웃는다.

내일부터 다시 페스코로 후항암 표적치료(추적치료 아님)를 시작한다. 방사선치료(방사능치료 아님)는 다음 주부터다.

이제 후반부로 들어온 나의 암 치료.

부디 스케줄대로 잘 마칠 수 있기를.

친구들이 귀여운 실수를 할 다른 단어들이 인생에 더는 들어
오지 말았으면 좋겠다.

23. 민겸 씨가 그리운 날 _ 우리 꼭 다시 만나요

2025년 8월 29일

그녀를 처음 만난 건 케모포트 감염으로 삼성병원에 입원을
했을 때였다. 온몸에 균이 퍼져 감염내과에서 2주간 항생제
치료를 받았음에도, 차도가 없던 시기였다.

병원에서는 병상이 모자라니, 이제 그만 퇴원을 해야 한다고
했다. 하지만 매일 새벽 5시, 오후 1시, 저녁 9시마다 정맥 주
사를 맞아야 하는 마당에 집으로 갈 수는 없었다. 결국 가까
운 병원으로 전원 하라는 권유를 받았다. 하지만 예전에 다른
병원에서 수술을 했다가 케모포트에 감염됐던 끔찍한 기억
이 떠올라, 선뜻 내키지 않았다. 그러던 중 극적으로 삼성병
원에 남게 되었다. 병상이 모자란 감염내과 병동에서 암병동

2인실로 자리를 옮기는 조건이었다.

거기서 나는 민겸 씨를 만났다.

그녀는 창가 쪽 자리에 누워있었다.
커튼이 쳐 있어서 모습은 볼 수 없었지만 간병인 이모님과
대화하는 목소리를 들으니 젊은 분인 것 같았다.
침대 주변으로는 입원한 지 이미 오래되었는지 빨래도 널려
있고, 냉장고 위에는 병동 생활을 위한 다양한 짐과 먹거리들
이 보였다. 목소리에는 힘이 없었다. 통증이 심한지 이모님께
몸을 주물러달라고 말하는 소리가 들렸다. 식사 시간에는 밥
을 혼자 먹지 못해 이모님이 식사를 먹여주는 것 같았다. 나
는 본원 2인실 생활이 처음인 데다 옆 침대 분이 어떤 성격인
지 모르니 말을 걸지 않고 조용조용히 하루를 지냈다.

그러던 어느 저녁이었다. 민겸 씨가 작게 이모님을 부르는 소
리가 들렸다. 이모님은 피곤한지 일어나지 못하는 눈치였고,
무언가 나급한 상황 같았나. 나는 소심스레 커튼을 섣으며 물
었다.
"혹시, 뭐 필요한 거 있어요?"
그렇게 말을 트게 된 그녀와 4주간 같은 병실에서 가족보다
더 오랜 시간을 보냈다.

우리는 일주일 차로 두 번의 항암을 같은 병실에서 진행했다. 세포독성항암제는 암세포뿐만 아니라 건강한 세포까지 싹 죽이므로, 이삼 일 뒤부터 온몸에 극심한 통증을 일으킨다. 말로 표현할 수 없는 통증이 온몸을 휘감을 땐 소리조차 나오지 않는다.

뒤척일 힘도 없이, 막을 수 없는 신음이 새어 나오는 시간. 흐르는 눈물도 닦지 못한 채 그저 침대에 누워있을 수밖에 없는 무기력한 순간. 얼마나 아픈지 알고 있기에 그녀와 나는 말하지 않아도 서로를 응원하고 있었다.

"언니, 괜찮아요? 아프면 참지 말고 진통 주사 맞아요."
"언니, 지금 안 자고 있죠……?"
"민겸 씨, 괜찮아요? 혹시 내가 필요하면 꼭 말해 줘!"
"민겸 씨, 일어났어요?"

각자의 항암 주간 새벽 3시경, 민겸 씨의 간병인 이모님도 깊이 잠든 시간, 우리 둘은 꼭 한 번씩 깨서 서로의 안부를 물었다.

작은 뒤척임에도 서로가 깨어있음을 직감적으로 알았던 우리. 타는 듯한 갈증에도 물이 쓰고 비려서 먹지 못하던 그 시기에 우리는 새벽에 깨어 폴라포를 우걱우걱 씹어 먹었다.
병원 밥은 도저히 먹을 수 없었지만 입맛이 조금 돌아온 날
에는 냉면, 보쌈, 청국장, 똠얌꿍을 주문해서 킬킬거리며 먹
었다. 겨우 세 숟갈을 들고 내려놓을지언정, 그래도 오늘은
우리 드디어 먹었다며 서로를 칭찬했다.

4주가 지나 나는 집으로, 민겸 씨는 요양병원으로 퇴원을 했
다. 그리고 그녀의 뇌에 전이된 암이 재발되었다는 소식을 들
었다.

펑펑 오는 눈을 바라보며 내년 겨울에 우리 다 나으면 같이
산책하자고 약속했는데.
같이 누워 우간다에 다녀온 사진을 보던 날엔 우리 꼭 손잡
고 우간다에 가자고 했는데.

이후 한동안 연락이 끊겼고, 오랜만에 닿은 통화에서 그녀는
호스피스 병원에 있다고 했다. 손이 떨려 여러 번 비밀번호를
잘못 누르는 바람에 핸드폰이 비활성화가 되어서 연락을 받
을 수 없었다고 했다.
다시 연락이 되어 얼마나 다행이었던지.

오랜만에 얼굴을 보니 왈칵 눈물이 솟았다.

우는 얼굴을 보이지 않으려고 애써 목소리를 높였다.

병원 편의점에 들러 색색의 과일을 사서 갔는데, 다행히 민겸 씨는 맛있게 먹어주었다. 꼭 잡은 손을 놓고 싶지 않았다.

수요일에 다시 와서 하루 자겠다고, 곧 다시 만나자고 하고는 "또 올게!" 하며 병실을 나섰다.

민겸 씨는 내가 찾아갔던 그 주에 눈을 감았다고 한다.

그게 마지막인 줄 알았더라면 조금 더 길게 머물 걸.

한 번 꼭 안아줄 걸.

참으로 곱고, 예뻤던 그녀.

항암 후유증이 심했던 때라 자주 가볼 수 없었던 것이 너무 아쉽고, 한 번이라도 더 보러 갔었다면 얼마나 좋았을까 싶어 마음이 아프다.

"언니가 와서 좋은가 봐요, 저렇게 많이 웃네." 하시던 어머님.

조금 더 자주 가서 웃게 해 주었더라면.

헤어지기 직전 함께 기도한 시간에 위로를 삼는다.

그 나라에서 언젠가 꼭 다시 만날 수 있기를.

못다 한 이야기들 도란도란 할 수 있기를.

Chapter 3

두 가지의 결로,
질문에 답하다

박가빈 · 박송아

치료 중 마주한 여섯 가지 질문에 대한
두 작가의 시선을 풀어냅니다.
내면의 성찰로 마음을 벼리는 가빈 작가의 결과,
일상의 세밀한 기록으로 경이로움을 발견하는
송아 작가의 결이 매 질문마다 나란히 이어집니다.
이 다정한 대화가 고통의 터널을 지나는 모든 이들에게
따스한 응원이 되기를 소망합니다.

말로 다 전할 수 없던, 이후의 깨달음
– 암에 걸리지 않았다면 몰랐을 것들에 대하여

가빈의 결

"아무 일도 일어나지 않는 하루의 기적"

나는 건수가 필요한 사람이었다. 원했든 원치 않았든 적지 않은 수의 남자를 만났고, 상대에 따라 연애를 길게도 짧게도 했지만 늘 채워지지 않는 외로움이 있었다. 삶이 지루하게 느껴졌고, 약속 없는 주말에 집에 머물 때면 쉽게 우울해졌다.

삶 속에서 나를 흥분시킬 만한 자극제를 바랐던 것 같다. 돌이켜보면 그것이 나쁜 것만은 아니었다. 변화를 추구하는 마음이 계기가 되어, 미련히게 11년 동안 실질 끌던 직장도 때려치우고 41세에 일본으로 떠날 수 있었으니까.

하지만, 내 인생을 뒤흔들 이슈가 '암'이 될 것이라고는 상상하지 못했다.

진단 결과를 기다리던 시점이었다. 암일 확률이 50%라는 말을 들었을 때, 문득 우리가 살아오면서 '반'이라는 수치에 얼마나 긍정적인 의미를 부여해 왔는지를 생각했다. '시작이 반이다' '반만큼 왔다면, 다 온 것이나 다름없다' 그렇게 반(半)은 좋은 징조가 되곤 하지 않았던가. 그런데, 암일 확률이 반이라는 말에는 긍정의 의미가 없었다. 그건 그냥 '암'이라는 뜻이었고, 어떤 암인지는 자세히 얘기해 줄 테니 기다리라는 뜻이었다.

친구들을 만나러 가는 지하철 플랫폼에서, 지금 이 순간이 어쩌면 마지막일지도 모르겠다는 생각을 했다. 이 만남을 끝으로 친구들을 볼 수 없을지 모르겠다는 생각에 눈물이 떨어졌다. 살아오면서 '만약에'로 시작하는 가정은 심리테스트에서나 했던 것 같은데, 가정은 가정의 상태일 때가 얼마나 다행이고 감사한 일이었는지! 나는 어찌할 바를 모르겠는데 세상은 변함없이 돌아간다는 사실이 미칠 것 같았다.

지루하게만 느꼈던 일상이 얼마나 감사하고 소중한 선물이었는지를 알게 된 순간이었다. 내일이 오지 않는 것은 아닐까 하는 걱정 없이 잠에 들고, 어지럼증 없이 눈을 뜨고, 내 힘으로 몸을 일으켜 침대에서 일어나, 누구의 도움도 없이 혼자 씻고 외출 준비를 하고, 팔과 다리를 자유롭게 쓰며, 누군가를 만나러 나갈 수 있는 상태만으로도 얼마나 행복한 일인지. 못 먹는 것이나 먹지 말아야 하는 것 없이 하루 세 끼니를 마음대로 맛을 느끼면서 먹고, 웃을 수도 울 수도 있는, 아무 일도 일어나지 않는 하루가 얼마나 감사한 일인지를 지금껏 알지 못했다.

내겐 6살 어린 여동생이 있다. 어느덧 불혹을 넘긴 그녀에게 어리다는 수식어는 어울리지 않게 되었지만, 기억 속 그녀는 언제나 초등학교 6학년 정도에 머물러 있었다. 평생 내가 보살피고, 끝까지 돌봐야 하는 존재라고만 생각했다. 장녀인 나의 짐을 나누어 동생이 지는 것은 기대조차 할 수 없는 일이라고 여긴 적도 있다. 그녀 또한 내가 영원히 곁에 있을 존재이지, 어쩌면 사라질 수도 있다는 상상은 해본 적이 없었을 것이다.

암 진단을 받았을 때, 동생에게만 마음을 털어놓았다.
"표준치료를 받고 싶지 않아. 남은 삶이 얼마든 그만큼만 살고 싶어. 삶에 아무런 미련이 없어."
이에 동생은 감정적으로 따지거나 나를 설득하지 않았다.

진단 결과를 들으러 갈 때부터 수술 전 검사를 할 때, 수술실에 들어갈 때, 두 번의 수술 후 입원해 있을 때, 퇴원 후 집에서 요양할 때, 그리고 지금에 이르기까지 동생은 그간 내가 보살피고 돌봤던 시간을 다 보상이라도 해주듯 내게 다시 일어날 힘을 주었다. 언젠가 그녀가 나를 집에 데려다주고 돌아가는 뒷모습을 보며 생각했다. 앞으로 남은 삶은 동생이 나의 상황으로 인해 느꼈을 좌절감과 무기력함을 다시 느끼지 않게 하겠노라고. 허락된 시간이 얼마일지 몰라도, 살아있는 동안 네가 혼자라고 느끼지 않게 최선을 다해 건강히 살아가겠노라고. 지금도 나를 살게 하는 유일한 이유는 내 동생 "깜동이"다.

어릴 적부터 나는 참 약했다. 아빠가 '이름을 너무 예쁘게 지어서 그런 건 아닐까' 의심할 정도로 수시로 다쳤고 얼굴에는 흉터도 많았다. 친구들이 먹고 싶은 만큼 먹고 한숨 자고 일어나면 회복하는 거뜬한 체력을 가졌을 때, 나는 아침마다 코피를 쏟았고 고등학교 2학년부터는 시험기간이면 원인불명의 두드러기로 병원을 드나들었다. 한창 직장생활을 할 때는 크고 작은 만성 질환과 더불어 두 번의 요로결석, 두 번의 이석증이 가져온 후유증으로 어지럼증에 시달렸다.

그럴 때마다 주변 사람들은 내게 "예민해서 그렇다. 완벽을 추구하고 까칠하게 구니까 몸이 못 이겨낸다." 등의 말로 내가 스트레스 관리를 못하는 사람인 양 취급했다. 그때마다 나는 안 그래도 힘든 내 몸을 또 탓했다. 왜 하필 바쁜 시기에 아프기까지 해서 나를 도와주지 않는지 원망했고, 강인한 체력을 가지고 태어난 사람들과 비교하며 나 자신을 한심하게 여기기도 했다.

그런데, 암과 마주하자 내 몸에게 너무 미안했다. 분명 몸은 힘들다고 계속 신호를 보냈을 텐데, 나는 그 절박한 외침을 무시했을 것이다. 작은 증상이라며 예민하게 생각하지 말자고 지나쳤을 것이다. 죄스럽고 미안했다. 거울을 보며 한참을 울고 난 뒤 내게 말했다.

"미안해. 너무 미안해. 그동안 이렇게 아플 때까지 몰라줘서 미안해. 이제 정말 잘 아낄 테니 한번만 나를 도와줘. 너무 미안하지만, 왼쪽 가슴아. 너만 이 암들을 다 가지고 떠나줄래? 제발 부탁이야. 더는 견딜 수 없는 아픔을 주지 않았으면 좋겠어."

암이 찾아오기 전 내 몸은 허약했을지언정 지금에 비하면 건강한 것이었다. 누군가와 비교하며 나를 깎아내리지 않고, 나는 그저 유일무이한 존재라는 것. 나의 장점도 단점도 그대로 받아들여야 한다는 것. 이 평범한 진리를 깨닫기까지 참 많은 고통과 아픔, 상실을 통과해야만 했다.

살아오면서 비만인 적은 없었다. 학창시절 조금 통통한 적은 있었지만, 워낙 또래보다 먹는 양이 적었다. 엄마가 "내 자식들이 돌아서면 배고프다고 하는 것이 내 소원이다."라고 할 정도로 젖먹이 때부터 잘 먹지 않았던 것 같다. 그럼에도 나는 포만감이 싫었다. 배가 부르면 동물 같은 느낌이 들어 죄스러웠고, 배에 살이 찌는 것은 무엇보다 싫었다. 식품영양학을 전공했기에 건강하게 살이 안 찌도록 먹으려고 늘 노력했다.

그러나 암이 찾아오고 그간 내가 먹어왔던 습관들을 되짚어보니, 참 좋지 않은 음식들을 선호했고 그 음식들로 나를 연명해 왔었다는 것을 알게 되었다. 트랜스지방이 많은 과자류, 가공식품의 대명사인 햄, 소시지, 숯불에 직접 구운 적색 육, 바삭한 돈가스, 참을 수 없는 치킨, 감자튀김, 흘러내리도록 듬뿍 치즈가 올라간 피자, 그리고 술……. 난 술을 즐겼다. 주종에 관계없이 마시는 애주가였고, 여럿이 함께 마시는 술자리도 참 좋아했다. 지금도 포기되지 않는 한 가지는 시원하게 벌컥벌컥 들이켜고 싶은 일본 생맥주라고 말할 수 있을 정도이다.

하지만, 이런 음식들은 이제 내 삶에서 사라졌다. 주치의 선생님은 앞으로도 소식하되 골고루 먹고 살이 찌지 않으면 된다고 말씀하신다. 그러나 겪어본 사람이라면 알 것이다. 골고루, 적당히, 알아서 이런 단어가 얼마나 막막한 것인지. 하루 권장량은 또 어떠한가. 식품영양학을 전공하고, 영양사 면허가 있는 나조차도 그 양을 가늠하기가 쉽지 않다. 한 번쯤 많이 먹는다고 무슨 영향이 있겠느냐고 반문할 수도 있겠지만, 한 번의 굴복이 곧 습관이 되는 것이다. 철저한 절제와 주의가 필요하다. 식욕이라는 기본 욕구를 참아내는 것은 결국 쉽지 않은 일이다.

누군가는 내게 언제까지 그렇게 절제하며 살아야 하느냐고 묻는다. 나 역시 궁금하다. 5년만 그렇게 살고, 6년째부터는 맘껏 먹어도 된다면 얼마나 좋겠는가. 끝이 있다면 기꺼이 해낼 수 있을 것이다. 하지만 유방암은 완치가 없는 암이다. 재발과 전이가 잦아서 이전의 방식을 답습한다면 언제고 다시 위험이 닥칠지 모른다. 그 사실을 생각하면 참아낼 수 있다. 내가 다시 아파지는 것은 내 주변 사람들을 괴롭게 하는 일임을 알기 때문이다. 당장 내 입으로 들어가는 즐거움을 참는 것은 기꺼이 할 수 있다.

친할머니는 사고로 오른쪽 팔꿈치 아래가 절단된 장애를 가지고 계셨다. 내가 기억하는 할머니의 모습은 오른팔에 장애가 있는 모습뿐이었으므로, 팔이 없다는 것이 무엇을 의미하는지 어려서부터 보고 듣고 느끼며 자랐다. 나는 그 불편함과 통증을 어느 정도 알고 있다고 여겼다. 그런데 막상 내가 왼쪽 가슴과 감시림프절을 절제하면서 왼팔 사용에 제한이 생기자 돌아가신 할머니 생각이 문득문득 떠올랐다.

궂은 날이나 장마철마다 팔이 아파 힘들어하시던 모습, 도움 없이는 옷을 입고 벗기도 힘들어하시던 모습, 모든 것을 왼손으로 하는 미숙함에서 생겼던 사건과 사고들, 병뚜껑을 열 때 앉아서 발로 지지하고 왼손으로 열려고 노력하던 모습 등. 그때는 이해할 수 없던 할머니의 고단한 모습들이 이제는 이해가 간다. 할머니는 그 세월을 얼마나 힘들게 견디셨을까?

세상의 모든 환경은 건강하고 젊은 사람들의 편의에 맞춰져 있다. 겉보기에 멀쩡해 보이는 나 같은 사람이 대중교통의 노약자석에 앉으면 눈치를 봐야 하고, 자동문이나 회전문이 없는 대형쇼핑몰의 무거운 문을 당길 때면 몸소 불편함을 체험해야 한다. 뒤를 바짝 따라오는 사람들의 날카로운 시선을 감수해야 하며, 비행기나 기차의 통로 쪽에 앉으면 선반 위 물건이 떨어져 수술한 가슴이나 팔을 다치지는 않을지 불안한 시간을 견뎌야 한다.

암을 겪고, 후유증으로 고통받는 사람들이 이토록 많은데, 이들에 대한 인식이나 환경 개선은 좀처럼 이뤄지지 않아 마음이 아프다. 몸이 아픈 것도 서러운데, 일상의 순간마다 불편함과 자괴감을 마주한다. 그때마다 마음의 상처까지도 고스란히 떠안는 상황이 지속되곤 한다.

나는 오늘도 '암환자'라는 생각을 떨쳐버릴 수 없는 삶을 이어가고 있다.

송아의 결

"결핍 속에서 길어 올린, 하루의 깨달음"

Piece 1. 맛이 느껴질 때의 경이로움 (2025년 5월 5일)

2024년 8월, 암 진단을 받은 지도 어느덧 8개월이 흘렀다. 암환자라는 정체성을 가지고 살기 시작하면서 인생이 전혀 생각지 못한 방향으로 흘러간다. 현재의 삶은 계획대로 되지 않고, 예상했던 결과는 빗나가기 일쑤다. 암 없이 살았을 때보다 자주 위험하고, 아프고, 눈물이 나고, 하지 못하는 일들이 가득하다.

하지만 이 삶 안에도 경이가, 기쁨이, 자유가, 안전함이, 무엇보다도 사랑이 있다. 충분히 건강할 때는 오히려 누리지 못했던 결핍 속의 풍성함이 지금 내 안에 가득하다. 아프지 않았다면 더 좋았을 수 있겠지만, 아팠기에 비로소 알게 된 것들이 참 많다.

암을 만나기 전에도 당뇨로 인해 식단 제한이 많았다. 하지만 맛 자체를 느끼지 못한 적은 없었다. 아이들을 가졌을 때도 심한 입덧으로 밥을 거의 먹지 못했지만, 그때는 냄새가 역했을 뿐 맛은 느낄 수 있었다.

나의 암 아형은 임파선에 전이된 삼중양성 유방암 3기 초반. 종양이 크고 공격적으로 자라는 탓에 수술 전 선제적 항암 치료를 시작해야 했다. 세포독성항암제 두 가지와 표적항암제 두 가지를 병용하는 방식의 치료가 결정됐다.

세포독성항암제는 말 그대로 독으로 암세포를 죽이는 과정이라 필연적으로 여러 가지 후유증이 동반된다. 항암을 하는 환자들이 겪는 가장 대표적인 증상은 머리카락이 빠지는 것이고, 또 다른 고통으로는 입맛이 사라지고 오심, 구토가 반복되는 것이 있다.

맛을 느끼지 못하는 고통은 생각보다 컸다. 심할 때는 달고 신 패션프루트에서조차 아무런 맛을 느낄 수 없을 정도였다. 즐겨 찾는 브런치 카페의 시그니처 메뉴, 후무스 샐러드에서도, 토마토 수프에서도 역한 고무를 씹는 듯한 식감이 느껴지고 쓴 맛이 났다.

먹고 마시는 행위는 너무 당연해서 평소에는 기적으로 다가오지 않는다. 맛있는 것을 먹었을 때 '맛있다' 정도의 감각을 느낄 뿐, 그 이상의 감정을 느끼지는 못했다. 하지만 세포독성항암 6차를 마치고 한 달 넘게 지난 후 드디어 음식 본연의 맛이 느껴졌을 때, 나는 경이로움을 경험했다. 식욕이 돋는다는 것, 먹었을 때 입안에 들어온 음식과 디저트의 식감을 온전히 느끼는 것, 시고 짜고 달고 쓴 맛을 구분하거나 그 맛의 조화를 누린다는 것은 실로 놀라운 기적이었다. 항암을 하기 전과 후 달라진 것 중 하나는 먹을 때마다 감탄하고 감동하는 입을 갖게 된 것이다.

어린이날인 오늘, 아이들과 하루 종일 집을 뒹굴며 이것저것을 해 먹고 있다. 삶은 달걀, 볶음밥, 김치찌개, 두부부침. 별다를 것 없는 소박한 요리지만 함께 만들고 먹으며 매순간 감탄하고 감동한다.

Piece 2. 고통 없이 한 걸음을 걷는 것의 기쁨 (2025년 5월 6일)

세포독성항암 후유증은 실로 다양하다. 오심, 구토, 탈모 외에 나를 괴롭히는 심한 후유증 중 하나는 말초신경병증이다. 말 그대로 몸의 끝자락인 말초 신경에 병적인 증상이 생기는 것인데, 대표적인 증상은 손끝과 발끝에 심한 저림이 느껴지는 것이다. 손발을 바늘로 찌르는 듯한 통증이나 쥐가 난 것 같은 느낌이 하루 종일 이어진다. 항암 환자 대다수가 겪는 흔한 후유증이면서, 동시에 가장 오래 남는 병증이라고 한다.

항암을 마치고 일 년이 넘은 지인분이 계시는데, 여전히 감각이 온전히 돌아오지 않았다고 하신다. 가만히 있어도 아프지만 땅에 발을 내디딜 때, 특히 찬 바닥에 발바닥이 닿을 때 느껴지는 고통은 말로 표현하기 어려울 정도다.

암 진단 전에는 발바닥의 불편함 없이 걸을 수 있다는 사실에 단 한 번도 감사해 본 적이 없었다. 그 평범한 날들이 얼마나 소중했는지 새삼 깨닫는다. 당연하게만 여겼던 일들이 새롭게 다가온다. 통증 없이 내가 원하는 곳에 내 의지로 도달할 수 있다는 것은 실로 어마어마한 일이다.

밤마다 저린 발을 주무르지 않아도 되고, 통증 때문에 깨지 않아도 되는 밤은 그 자체로 기적과 같은 것이었다. 고통 없이 걸을 수 있는 것이 얼마나 놀라운 일인지, 불편감이 느껴지지 않는 상태에서 하루를 사는 것이 얼마나 큰 선물이었는지를 알아간다. 침대에만 누워있어야 했던 5-6차 항암 시기를 생각하면, 지금 통증을 가지고라도 걸을 수 있는 것 자체도 놀라운 변화다.

언젠가 시간이 흐르면 다시 예전처럼 고통 없이 한 걸음을 내디딜 수 있는 날이 올 것이라는 희망을 품는다. 1년 혹은 그 이후에 만나게 될 그날을 기대한다.

아무런 통증 없이 땅을 밟을 그날을.

Piece 3. 마음껏 뒤척이며 잘 수 있는 자유 (2025년 5월 7일)

길게 느껴졌던 선항암 6회를 마친 후 드디어 수술을 받았다. 전절제 후 복부 자가조직으로 동시복원을 했기에 2주일 동안 은 똑바로 누워 잘 수가 없었다. 왼쪽 옆구리부터 오른쪽 옆 구리까지, 아랫배부터 배꼽 위까지 넓고 깊게 피부와 지방 조 직을 들어내고 봉합을 했기 때문이다. 수술 부위가 잘 붙도록 항상 몸을 120도 정도 각도로 구부려야 했고, 잠을 잘 때도 침 대의 등을 세워 다리를 올린 자세를 유지해야 했다.

왼쪽 오른쪽으로 돌아 누울 수 없고 몸을 반듯하게 펼 수도 없는 시간을 보름 가까이 보냈고, 지금도 여전히 돌아 눕는 건 아주 짧은 시간만 가능하다. 엎드리는 건 수술 두 달 후에 나 가능하다고 했다. 두 달이 다 되어가지만 마음 놓고 엎드려 자는 일이 언제쯤 가능할지 아직 모르겠다.

몸의 어디도 다칠까 염려하지 않고 마음껏 뒤척이며 잘 수 있었던 지난 시간들이 얼마나 놀라운 축복이었는지 생각한다. 침대 위에서 자유롭게 뒤척이며 자는 것은 고통 없이 땅에 발을 딛는 것만큼 큰 기적이었다. 그것은 내가 누렸던 '자유의 범위'였다.

무언가를 잃고 나서야 그 가치를 깨닫는 어리석음이라니. 하지만 이제라도 알게 되어 참으로 다행이고 감사하다. 엎드리는 날의 감격을 온몸으로 누릴 줄 아는 존재가 되어 있으니 말이다.

내년 여름엔 너른 수영장에 커다란 튜브를 띄우고 엎드려 물길을 따라 흘러가보고 싶다.

그날이 오기를. 꼭 그러기를.

Piece 4. 한국에서 우간다까지,

내 곁을 지켜주는 사람들의 마음 (2025년 5월 9일)

멍울을 발견한 것은 작년 4월 중순 즈음이었다. 샤워를 하던 도중 오른쪽 가슴에서 동그랗고 딱딱한 무언가가 만져졌다. 그때 직감했다. 내 몸에 암 덩어리가 생겼다는 것을.
처음엔 '아니겠지, 아닐 거야.'라며 머리를 흔들었다. 이미 다양한 병을 안고 살아가는 나로서는 하나의 병을 더 얻는 것, 그것이 하필 암이라는 사실은 너무 가혹하게 느껴졌다. 하지만 이 덩어리가 암일 것 같다는 생각은 점점 더 강해졌다.

그때 가장 먼저 떠오른 건 7개월 전부터 준비해 온 '우간다 프로젝트'였다. 멍울이 발견되었던 때는 한창 콘서트를 기획하고 있던 시기였다. 우간다 쿠미대학교 내의 선데이스쿨 아이들에게 영어책을 모아 보내려다가 일이 커졌고, 결국 컨테이너로 책과 물품을 보낼 비용을 마련하기 위한 콘서트를 준비하게 된 것이다. 당시 나는 기획, 섭외뿐 아니라 연주자로도 참여하고 있었고, 콘서트를 마친 뒤인 6월에 우간다를 직접 방문하는 일정이 잡혀 있었다.

만약 내가 암에 걸린 거라면, 그래서 바로 검사를 받고 진단이 내려진다면 우간다에 갈 수 없을 것이 분명했다. 나 스스로는 치료 전에 우간다에 다녀오는 게 아무렇지 않을 수 있지만, 나를 아끼는 가족과 주변 사람들은 가지 못하게 말릴 것이고, 그 만류를 무시하고 다녀온다면 관계에 문제가 생길 가능성이 있었다. 치료 중이나 후에는 장거리 여행이 어려울 테니, 이번에 가지 못한다면 어쩌면 평생 가지 못할 수도 있는 노릇이었다.

오히려 암일 수 있기에 이번 일정을 더 갈망하게 되었다. 왠지 우간다에서 경험한 일들과 만날 사람들이 치료를 견디는 데 힘이 될 거란 생각이 들었다. 그렇게 우간다에 다녀오게 되었다. 그곳에 머무는 동안 가슴의 멍울이 자라나거나 전이 될 수도 있다는 생각이 스쳤다. 그럼에도 불구하고 이 시간이 나의 치료 기간에 어떤 빛이 될 거라는 이해할 수 없는 소망도 함께 커졌다.

실로 우간다에서 만난 사람들과의 기억, 사바나의 아름다운 풍경, 쿠미 대학교를 위해 헌신하며 살고 계신 선교사님들이 거주하시는 쿠미 디스트릭트의 커나란 바위, 그 위에 누워 바라보았던 은하수와 쏟아질 것 같은 별들, 그리고 매일 아침부터 저녁까지 도서관 시스템 구축을 위해 애쓰던 시간들이 치료 내내 힘이 되었다. 세포독성항암 중 너무 힘이 들어 삶을 포기하고 싶어질 때마다 쿠미의 공기가 떠올랐고, 다시 오겠다 약속하며 나눈 포옹의 기억이 나를 일으켜 세웠다.

우간다에서의 기억과 함께, 치료 기간 내내 나에게 가장 힘이 되는 건 나의 곁을 지켜주는 사람들이다. 수없이 많은 이들이 꼭 필요한 때 꼭 있어야 할 곳에 있어주고 있다. 밥을 할 수도, 먹을 수도 없던 세포독성항암 시기에는 많은 분들이 우리 가족의 식사를 만들어 집에 가져다주셨고, 신선한 과일과 고기들도 계속 도착했다. 힘이 조금 날 때 찾아온 친구들은 다 나으면 네가 사라며 계속 밥을 사주었다. 무엇보다 더 이상 운전을 할 수 없게 된 나를 위해 이동할 때마다 차를 태워주는 친구들, 제자들, 지인들이 생겼다. 지선, 진영, 기수, 온하, 다솔, 승범오빠……. 참으로 감사한 사람들. 이런 사랑을 받아도 되는 걸까 싶을 만큼 많은 사랑이 매일 쌓이고 있다.

아프기 전에는 내가 누군가를 지키는 삶을 살고 있다고 생각했다. 지켜야만 할 것 같은 사람들을 만나기 위해, 꼭 해야 할 것 같은 일들을 위해 하루에도 일정을 서너 개 이상 소화했었다. 그렇게 다니면서도 가끔은 외로운 마음이 들었다. 나의 고통과 슬픔에 대해서도 털어놓고 싶은데, 누군가의 이야기를 듣는 시간이 훨씬 길다 보니 드는 감정이었다. 그럼에도 누군가의 곁을 지키는 건 행복한 일이었다. 나를 만난 그가 하루를 더 살아갈 소망을 품고, 꿈꾸던 지점에 조금 더 닿아가는 걸 지켜보는 것은 무엇과도 바꿀 수 없는 기쁨이었다.

돌아보니 내가 그들을 지킨 것이 아니라, 그들이 나를 지키고 있었다. 내가 1을 준 사람들이 스스로 10을 받았다고 여겨, 다시 내게 100을 주는 듯한 시간을 보내고 있다. 살아오면서 느꼈던 결핍과 외로움이 다 채워지는 것 같은 시간. 나의 곁을 지켜주는 귀한 사람들의 마음들이 잿빛으로 얼룩진 어린 시절과 사랑이 그리웠던 시간을 다 덮어가고 있다. 의지할 곳 없던 어린 시절, 왕따를 당하면서도 혼자 울었던 날들. 기절하기 직전까지 맞으면서 속으로 몇 번이나 죽음을 꿈꿨던 시간들.

암은 내게 고통과 함께 많은 선물을 가져다주었다. 고통과 선물은 짝이 되어 매일의 일상에 존재한다. 사고 전으로 돌아갈 수 있다고 해도 돌아가지 않겠다던 지선이의 고백이 드디어 이해가 간다. 나 역시 암을 만나기 전보다 지금이 더 행복한 시절을 살고 있으니…… 아프지 않았다면, 그래서 내 곁의 귀한 이들에게 도움을 받아야만 하는 상황이 되지 않았다면 평생 모르고 지났을지 모를 마음들을 마주한다. 나를 지켜주는 이들의 깊은 마음을 만난다.

그 마음들이 실망하지 않게 땅에 발을 딛고 잘 살아가고 싶다.

Piece 5. 이제야 알게 된 나의 소중함 (2025년 5월 28일)

어릴 적 엄마는 나를 좀처럼 칭찬하지 않았다. 후에 왜 그랬는지 여쭤보니 자만할까 봐 일부러 그랬다고 하셨다. 내가 잘하는 게 뭔지 알아야 자만이라는 걸 할 수 있을 텐데, 기준도 모르는 내게 자만하지 않기 위해 어릴 적부터 칭찬을 하지 않았다는 사실이 이해가 가지 않았다. 칭찬에 고팠던 걸까, 아니면 내가 존재하는 것만으로도 행복해 하는 사람들의 얼굴을 보는 것이 좋았던 걸까. 나는 내가 죽어가는 줄도 모른 채, 몸속에서 암 덩이가 신나게 자라는 줄도 모른 채 참으로 열심히 달렸다.

다이어리를 보니 2019년 정도부터 거의 하루도 쉬지 못하고 여러 가지 일정을 소화하며 살았다. 몸살에 걸려야만, 코로나에 걸려야만 며칠 잠깐 쉬었다. 하루에 한 개의 일정만 있던 날은 휴가를 받은 것 같은 마음이 들 정도였다. 대학원 박사 과정을 밟으며 모교 대학원과 학부에서 강의를 했고, 틈틈이 기업 강의와 가족센터 강의들을 했다. 사업자를 내게 된 기획사와 연구소 일도 열심히 했다. 뮤지컬 기획, 공연 기획, 연주, 출판 일까지 그야말로 쉴 틈 없이 살았다.

일과 공부보다 더 마음이 쓰였던 건 보육원, 지역아동센터 등에서 아이들을 만나는 것이었고, 모교에서 만난 후배이자 제자들이 도움을 요청했을 때 달려가 만나는 것이었다. 죽겠다고 했던 아이들이 몇 번의 대화로 이제는 살아보겠다고 해주는 게 고마웠고, 내가 조금 덜 자고 뛰어가면 안 되던 일이 해결되는 것이 감사했다.

암 진단을 받은 지 반년이 훌쩍 넘었다. 작년 8월부터 지금까지 나를 돌보는 시간을 보내고 있다. 처음에는 쉬는 것도, 도움을 받는 것도 몹시 어색했다. 관성의 법칙처럼 자꾸만 내 손이 먼저 나가고, 몸이 먼저 달려가려는 걸 억누르는 일이 쉽지 않았다. 하지만 이제는 안다. 남을 아끼듯 나도 나를 소중히 여기고 아껴야 한다는 사실을. 암이 준 선물이자 아프지 않았더라면 결코 알지 못했을 사실이다.

가만히 있어도, 쓸모 있는 일을 할 수 없어도, 그저 살아 숨 쉬는 것만으로도 소중한 존재라는 것. 남에게는 수없이 그렇게 말하며 살았지만 정작 나에게는 단 한 번도 해주지 못한 말들. 무용해 보이는 시간이 결코 무용한 것이 아님을, 내가 누군가를 도우며 행복했던 만큼 내 주변에서 나를 응원해 주는 사람들 또한 나를 도우며 행복할 수 있다는 것을 배우는 시간이다.

오늘은 어느새 표적항암 세 번째 날이다. 아침 일찍부터 제자가 데리러 와 준 덕분에 먼 거리를 이동할 수 있었다. 주사를 맞으러 들어온 순간 "교수님, 필요한 게 있으면 바로 말씀해 주세요!"라고 카톡을 보내 준 사랑스러운 나의 제자, 후배, 귀한 우리 졸업생, 동역자. 서로가 서로를 위해 존재하며 도움이 필요할 때 언제든 연락할 수 있는 그런 관계가 쌓여서 감사하다.

스스로를 소중히 여길 수 있게 되니 오히려 주변의 사랑하는 이들과 더 깊은 만남이 시작되었다. 내가 다 알아서 할 때보다 누군가에게 기댈 수밖에 없게 되니 서로를 더 아끼는 시간이 시작되었다.

앞으로 몸이 나아지고 5년 후 완치 판정이 난다고 해도 지금의 마음을 잊지 않기를.

누군가를 소중히 여기며 곁을 내어 주지만, 그럼에도 나 스스로를 아끼는 마음은 끝까지 지킬 수 있기를.

문장과 문장 사이로 붙잡아 두고 싶던 자유
– 병실의 창밖을 보며 침대 위에서 갈망했던 것

가빈의 결

"그토록 기다렸던 '우리'라는 감각"

한 번도 긴 입원을 해 본 적이 없었기에, 병실 안에 화장실만 있다면 크게 문제 될 것이 없으리라 생각하고 3인실을 택했다.

내 오른쪽 침대에는 우리 엄마보다 조금 젊으시지만 엄마와 동향인 아주머니('전주 엄마')가 먼저 와 계셨다. 바터팽대부암 수술을 받은 전주엄마는 선항암으로 머리카락이 없으셨지만, 참 고운 인성이어서 아프기 전에는 얼마나 더 고우셨을까 하는 생각을 하게 했다. 특별히 인사를 나누거나 통성명을 하지 않은 채 눈인사만 주고받던 어느 날, 화장실을 다녀오다 커튼 사이로 새어 나오는 울음소리를 들었다.

서럽게 우는 소리가 병실을 가득 채워서 도저히 그냥 모른
척을 할 수가 없었다. 나는 커튼 너머로 용기 내어 말을 걸었
다.

"괜찮으세요?"

"으응……. 이렇게 한 번씩 눈물이 나네. 자기는 무슨 병이
야?"

"저는 유방암이요……."

이렇게 시작된 우리의 통성명은 병원 밖에서 마주쳤다면 지
나치고 말았을 상황을, 순식간에 이해로 위로로 만들어준 계
기가 되었다.

수술실을 갈 때도 불편한 몸을 이끌고 엘리베이터까지 걸어
나와 배웅을 해주시고, 수술 후 병실로 돌아와 짐승처럼 울부
짖을 때도 함께 울어주던 '전주 엄마' 덕분에, 도저히 넘어가
지 않던 병원 밥을 한 숟가락이라도 더 뜰 수 있었다. 나를 서
럽게 만들었던 어느 직원의 무례함에도 편들어주는 사람이
있어 든든했던 것이다.

봄날의 햇볕이 너무도 뜨거웠던 어느 날이었다. 나보다 늦게
입원하셨던 왼쪽 침대의 환자분도, '전주 엄마'도 건강해져서
다시 만나자는 인사를 끝으로 퇴원을 하고 나는 혼자가 되었
다. 마흔이 넘어서야 겨우 독립을 했던 나는 얼마나 혼자만의

시간을 갖고 싶었던가. 그런데 3인실에 '홀로' 남겨진 사실이 불현듯 창문 사이로 쏟아지는 햇살만큼이나 뜨겁게 나를 덮쳐왔다.

내 맘대로 열 수 없는 3인실의 작은 창문, 주사를 꽂은 오른쪽 팔로 링거대를 들고 넘어 다녀야만 갈 수 있는 문턱이 있는 화장실, 24시간 간호사 스테이션과 공동화장실을 마주한 침대 위치가 매일 밤 나를 더 잠 못 들게 하고 있었다. 가슴에 칭칭 감아놓은 붕대, 익숙하지 않은 써지브라와 환자복이 벗겨지지 않을 갑옷처럼 느껴져 숨이 막혔다.

혼자 남겨진 병실에서 나는 엉엉 울었다. 한참을 울다가 이 병원생활이 생각보다 짧지 않다면, 단 며칠이라도 편안하게 있어야겠다고 생각했다. 그날 오후, 나는 1인실 환자가 되었다.

그곳엔 오직 나만 존재하는 것 같았다. 세상 모두가 다른 세계에 살고 있는 듯한 기분이 들었다. 끊임없는 위로와 안부의 문자가 오지만 모든 아픔을 견뎌야 하는 것은 결국 혼자였다. 새로운 환자가 들어와 또 다른 관계를 맺는 것조차 싫었다. 나만 여기에 남고 모두가 떠나버리는 또 다른 이별의 순간을 맞는 것이 싫었다. 수술 전에는 커튼 너머로 누군가의 울음소리도 위로할 만큼 여유가 있던 나였다면, 지금의 내 몸과 마음엔 그런 오지랖조차 허락되지 않았다.

5일 정도면 퇴원을 할 수 있을 줄 알았는데, 한쪽 가슴을 모두 절제한 암 수술이라는 것은 그렇게 간단하고 쉬운 일이 아니었다. 하루하루 예상치도 못한 증상들이 나타났다.

내가 그토록 기다린 것은 퇴원과 함께 완벽히 회복된 몸이 아니라 '자유'와 '공존'이었던 것 같다. 나만 병실 안에 갇혀 있는 것이 아니라, 내가 사랑하는 사람들과 함께 살아가고 있다는 느낌, 언제든 그들과 소통할 수 있다는 자유. 아마도 그것을 갈망하고 있었던 것 같다.

송아의 결

"병실에서 바라본 창밖의 풍경"

(2025년 12월 10일)

삼성서울병원에 입원한지 벌써 한 달. 밖에 나가보지 못한 지도 어느덧 한 달이다.

지금 입원해 있는 곳은 암병동 10층이다. 유일하게 바깥세상과 연결되었다고 느낄 수 있는 것은 창문을 통해 보이는 풍경뿐이다. 눈 쌓인 뒷산이 보이고, 굴뚝 세 개에서 연기가 피어오른다. 점처럼 보이는 사람들이 바삐 움직이고 있다.

오늘에서야 비로소 눈에 햇살이 들어온다. 지난 사흘은 날씨가 어땠는지 기억조차 나지 않을 정도로 아팠다. 케모포트 감염으로 패혈증이 오고, 이로 인해 입원 치료를 받게 되었다. 안타깝기는 하지만, 한편으로는 3차와 4차 항암을 본원에 입원해서 할 수 있는 것은 복이라 생각한다. 갑작스럽게 발생하는 고열, 어지러움, 장염 증세, 오심, 구토, 구내염, 극심한 몸살 등을 바로 대처할 수 있다는 뜻이니까.

항암 스케줄을 따라 3차까지 지나오니, 항암치료와 인생이 닮아있다는 생각이 든다. 치료하기 위해 시작한 일들 속에서도 죽을 만큼 힘든 상황이 발생하고, 먹어야 사는 걸 알면서도 먹는 게 두려운 마음이 들고, 포기하고 싶을 때쯤 다시 살길이 열리는 것들이. 살만하다 싶으면 나시 고통이 찾아오기도 하지만, 그 고통은 이미 아는 고통이어서 견딜만하기도 하고, 어떨 때는 너무 잘 알아서 도리어 두렵기도 하다.

힘든 날을 지나 돌아보면 결국 경험한 모든 일들이 지금의 나를 만들었으니, 이 일도 후일의 내가 온전한 나로 살아가기 위해 주어진 기회임을 기억하려 한다. 너무 먼 일에 대해 고민하거나 걱정을 미리 가불하여 괴로워하지 말고 하루하루 사는 것에 집중하려고 한다. 그러니 '이 일이 도대체 언제 끝나나' '끝이라는 게 있나' 하는 생각들로 스스로 괴롭게 했던 때보다는 조금 더 이 시기를 수월하게 지나고 있는 것 같다.

병원생활이 지루하긴 하지만, 병실 문만 열면 바로 병동 산책을 할 수 있으니 혈당 조절도 잘 되는 중이다. 열심히 걸으면 당수치가 조절되는 것처럼, 예측 불가능하고 내 맘대로 되지도 않는 삶 속에서도 내가 선택하고, 그 선택으로 바꾸어 나갈 부분이 있다는 것을 배워간다.

창밖의 풍경이 온전히 내 것이던 순간들이 있었다. 멀찍이 바라보는 것이 아니라 그 안에 온전히 머물던 순간들이. 다시 이 병실을 나가 그 풍경 속으로 들어가는 날, 지금의 마음들을 잊지 말자.

걸으며 하늘을 보는 것, 바쁜 사람들 틈을 걷는 것, 쏟아지는 햇살을 온 몸에 맞는 것이 얼마나 큰 기적인지를 기억하며 살 수 있기를.

내 몸에게 미처 보내지 못했던 연서(戀書)

– "과거의 '치열했던 나' 혹은 '내 몸'에게 편지를 쓴다면"

가빈의 결

"꼼수와 바꾸지 않은, 나의 자랑스러운 가슴"

오십 가까이 살아오며 내가 유일하게 지켜온 원칙은 꼼수를 쓰지 않는 것이었다.

부모의 연줄로 밥벌이를 하지도 않았고, 누군가가 심어준 자리를 처음부터 내 자리인 것 마냥 으스대지도 않았다. 오로지 징글징글할 만큼 지독한 성실함과 남들은 거들떠보지도 않을 책임감, 나라도 해야만 한다는 사명감을 가지고 맡은 자리에서 최선을 다하며 살아왔다.

내 인생에 멘토는 없었다. 때때로 누군가 나타나 이 길을 가면 죽도록 아프다고 말해주기를 간절히 바란 적도 많았다. 적

어도 이렇게 살면, 결국 소중한 무언가를 잃게 된다고 말해주
는 사람이라도 있었다면 좋았을 것이다.

사람들은 내게 말했다. 성격이 너무 올곧아서 문제다. 남에게
일을 맡기지 못하고 다 끌어안고 있으니 몸이 버티질 못하는
것이다. 너무 열심히 해서 병이 생긴 것 아니냐. 쉽게 가는 길
도 있는데 왜 어려운 길을 자처하느냐. 좋은 게 좋은 거다. 다
들 그렇게 산다. 그게 뭐 대수라고, 돈 준다는데 눈 한번 질끈
감아라.

차마 삼킬 수 없는 말들이었다. 다시 태어나면 가능할지도 모
르겠지만, 다시 태어나면 사람으로는 태어나고 싶지 않다.

내가 암이라는 사실을 알았을 때, 그 슬픔을 한마디로 표현하
기는 어려웠다. 그렇지만, 가장 강하게 드는 생각은 한 가지
였다.

억울했다…….

내가 옳다고 믿으며 걸어온 수많은 시간에 대한 대가가 고작
'암'이라는 사실이 사무치게 억울했다. 누군가에게 그 마음을
다 털어놓고 나면 잠깐이나마 시원할지 모르겠지만, 내 억울

한 마음을 받아내는 상대가 과연 무슨 말을 해 줄 수 있을까 생각하면 그조차 허락되지 않았다.

가슴이 찢어지는 것 같은 슬픔이란 이런 것이구나. 30대를 바쳐서 죽도록 일했지만 결국 퇴사 후에는 내용증명을 보내 겠다던 회사의 처우라든지, 절대 무너지지 않을 것 같던 집이 한순간 망했다는 것을 깨달은 순간이라든지. 인생의 수많은 사건이 주마등처럼 스쳐 지나가며, 그 시점 즈음 암이 찾아온 것은 아니었을까 하는 생각도 들었다.

그러나 내가 슬픈 이유는 누군가를 향한 원망 때문만은 아니 었다. 그저 내 몸에게 미처 보내지 못했던 절절한 연애편지 때문이었다.

오늘도 많이 힘들었지?

점심도 굶고 홀로 남아 모니터를 바라보면서 눈물을
쏟아내진 않았니? 누군가에게 전화를 걸어 하소연을
하고 싶은데, 막상 누구에게 전화를 걸어 얘길 해야 할지
모르겠어서 답답한 마음이 배가 되었을지 몰라.
때때로 숨이 쉬어지질 않아 가슴을 주먹으로 친 적도
있었을 거야. 왜 내게만 이런 일이 있는지, 어디서부터

잘못된 건지, 뭘 잘못한 건지, 애초부터 나라는 존재가
이 세상에 존재하는 것부터가 잘못은 아닌지 그런 무서운
생각까지 꼬리에 꼬리를 물었을지도 몰라.

하지만 너에게 말해주고 싶어. 너의 잘못이 아니야.
넌 그저 이 모든 일들에 너무 진심이었을 뿐인 걸.
주어진 일에, 맺은 관계에, 불확실한 미래에 대해서
다른 누구보다도 진심이었기에. 그만큼 최선을 다했기에
네가 기대했던 결과가 아닌 이 상황들이 더 아프고
상처가 되었을 뿐이야.

모든 것은 올바른 자리를 찾아갈 거야.
지금 이 상황으로 너의 세상이 무너지지 않아.
그러니 조금만 아파하고, 기대와 어긋난 결과들은
잠시 미뤄두자.

다만 너에게 꼭 말해주고 싶은 것이 있어.
이렇게 마음이 아프고 고통스럽다면, 너의 몸을 돌아봐.
너의 마음을 오롯이 받아내고 있는 몸이 아마 너에게
여러 번 통증을 호소했을 거야. 그 통증을, 절실한 외침을
더는 모르는 척해서는 안 돼.

병원에 가고, 적당한 치료를 받고 약을 먹어.
조금이라도 이상한 증상이 있다면, 검사를 받고 너의 몸을

잘 살펴봐야 해. 그리고 마음이 힘들다고 술을 찾지 말기를.
지금 당장 입에 즐거움을 주는 자극적인 맛에 길들여지지
않기를. 네가 아픈 마음만 신경 쓰고 있는 사이, 견디다 지친
몸이 돌아올 수 없는 길을 가기 전에……

가장 중요한 것은 오로지 하나, '너 자신'이야. 일도, 관계도,
보장될 것만 같은 미래도 아닌 그냥 '너' 하나만 생각해.
세상의 모든 일들을 네 뜻대로 컨트롤할 수는 없어.

"잘하고 있어. 이보다 더 잘할 수는 없어.
고마워, 내 몸과 마음. 너는 최고야!"

송아의 결

"잘 버텨줘서 고마워!"

(2025년 7월 5일)

안녕, 2020년 겨울의 내 몸아.
쉴 새 없이 살아가느라 고생이 많지?

아마 오늘도 아침 일찍 여러 개의 알람을 끄고 또 끄다,
도저히 안 되겠다 싶을 때쯤 떠지지 않는 눈을 비비며
겨우 몸을 일으켰을 거야. 아이들 먹을 주먹밥을 싸두고
정작 너는 빈속인 채 부랴부랴 차 열쇠를 챙겨서 나섰겠지.
시동을 걸고 떠나려다가 마스크를 두고 온 것이 생각나
서둘러 집으로 뛰어 올라갔을 때, 잠든 아이들과 남편의
얼굴을 한 번 더 눈에 담았겠지.

운전대를 잡고 빨간 불이 들어올 때마다 멈춰 서서 화장을
하면, 강의장에 도착하기 전 어느새 풀메이크업이 끝나
있었을 거야. 원래 제대로 화장을 할 줄도 몰랐던 네가 차
안에서 풀메이크업이 가능하게 되었다니, 돈이란 참 뭔지.

코로나가 터지고 남편이 일하는 곳이 집합금지업종이

되면서, 네가 직접 생활 전선에 뛰어들어야 했잖아. 그렇게
하다 보니 없던 능력도 짜내어 살아가게 되었지. 감사하게도
큰 기업 연수원에서 강사로 활동을 하게 되었어.

그때는 바이러스가 극성이던 시절이라 연수생들은 각자
집에서 접속하고, 강사들은 연수원 모니터 여러 대와
노트북, 조명에 둘러싸인 채 강의를 했어. 화면에 보이는
연수생들의 얼굴을 보고 강의를 하면 어김없이 에이전시의
피드백이 날아들곤 했지. 노트북 카메라를 응시하면서
말해야 연수생들이 자기를 보며 대화하는 것처럼 느낀다고
말이야. 화면에 띄운 PPT 내용까지 거의 다 외우고 있어야
카메라를 보면서 자연스럽게 강의를 할 수 있었지.

아침 8시 강의가 시작되는 날이면 6시 반까지 가서 대기하곤
했잖아. 혹시 모를 변수에 대비해야 했으니까. 세팅을 마친
뒤 마음 졸이며 기다리다가, 7시 55분쯤 화상 회의 대기실에
들어와 있는 분들에게 첫인사를 건넸지.

"5분 뒤 줌이 열립니다. 곧 뵐게요!"

줌, 구루미, 비캔버스, 구글 미트……. 온갖 비대면 도구들을
다 섭렵하는 것도 결코 쉽지 않은 일이었어. S사에서 4시간
강의 후 잠시 점심 먹으며 숨을 돌리고, 다시 오후 4시간
수업을 하고 나면, 이미 녹초가 된 몸으로 운전대를 잡고

곧장 H사 연수원으로 향했겠지?

다음 날 쓸 발표 자료를 그제야 넘겨받고, 네 이야기로
커스터마이징 하느라 새벽까지 잠을 이룰 수 없었잖아.
그놈의 완벽주의를 좀 버릴 때도 되었건만, 토씨 하나라도
어긋날까 싶어 고치고 또 고치느라 새벽 3시가 되어서야
겨우 몸을 뉘었어.

침대는 포근하고 룸 컨디션은 훌륭했지만, H사 연수원
특유의 딱딱한 분위기가 못내 불편했을 거야. 숙소에서
강의장까지 이어진 긴 복도를 지날 때, 긴장한 상태로
바라본 창 밖의 스산한 날씨가 좀 쓸쓸했을지도 몰라.

온종일 강의를 하고 나서 박사 과정 수업을 들었고, 그다음
날엔 강의를 마치자마자 다시 대학교와 대학원 비대면
강의를 했지. 학생과 외래교수 역할을 동시에 해내는 건
정말 만만치 않은 일이었어.

2박 3일의 연수를 마치고 집으로 돌아오면, 몸을 누일
새도 없이 엉망이 된 부엌을 치우고 가족들이 먹을 밥을
지었잖아. 남편에게 밥 하는 법을 그때 가르쳐 줄 걸 그랬어.
그리곤 또 다음 날 알람 여러 개를 끄고, 또 끄는 일상의
반복이었지. 혹시라도 안 좋은 피드백을 듣게 될까 봐
그렇게까지 스스로를 몰아세웠던 걸까?

이제 좀 쉬고 싶다 생각할 때쯤, 에이전시에서는 어느새 '에이스 강사'라며 다음 연수에 꼭 들어와 달라고 연락이 왔어. 경제적인 문제를 책임져야 하니 그 말이 싫지만은 않았지만, 몸은 점점 지쳐 갔지. 잠을 제대로 자본 적이 언제인지 기억조차 가물거릴 정도였으니까. 사실 그때부터 2024년까지는 하루도 온전히 쉬어본 날이 없었잖아. 암 진단 후 지난 다이어리를 펼쳐보고는 나조차 깜짝 놀랐어. 모든 칸에 일정이 서너 개씩 빽빽하게 채워져 있더라고.

그 노력이 오직 생업 때문만은 아니었어. 죽고 싶다는 학생의 연락에 놀라서 달려가고, 사랑하는 젊은 부부가 기다리던 뱃속의 아이가 기형아 판정을 받았을 때는 치료비를 모금하느라 뛰어다녔잖아. 결국 그 아기가 사산됐을 때는 같이 장례를 치르기도 했지. 보육원, 지역아동센터, 가족센터……. 너를 필요로 하는 곳이라면 마다하지 않고 무조건 갔잖아.

그렇게 계속 살다 보면 5년 후에 유방암 진단을 받는단다. 그런데, 이 사실을 네가 미리 알았다고 그때 다른 선택을 할 수 있었을까? 아무리 생각해도 그러지는 못했을 것 같아. 그 시절에는 그렇게 살 수밖에 없는 수많은 일들이 유기적으로 얽혀 있었으니까. 내가 벌어야 가족이 살 수 있고, 내가 조금만 움직이면 죽을 것 같던 사람들이 다시 살고 싶다고 말해주는데. 힘들어하던 이들의 얼굴에

빛이 조금씩 새어드는 걸 보면서 어떻게 가만히 있을 수
있었겠어?

그래. 후회하지 말자, 지금처럼.
그땐 해야 할 일을 했던 거고, 이젠 그렇게 살다가는 정말로
죽을 수 있으니 멈추게 된 거야. 쉰 살이 되기 전에 잠시
숨을 고르고 몸과 마음을 정비하게 되었으니, 얼마나 감사한
일이니. 덕분에 요즘은 알람을 맞추지 않고 살아도 괜찮게
되었잖아. 반드시 해야만 하는 일, 늘 긴장해야 했던 일들을
자연스레 그만두고, 하고 싶은 일과 할 수 있는 일만 하게 된
것도 참 감사한 일이야.

아침에 일어나 곁에 누운 강아지를 오래도록 쓰다듬고,
아이들에게 느긋하게 아침을 챙겨줄 수 있는 일. 이렇게
글을 쓰는 동안 첫째와 둘째가 차례로 침대로 와 조잘조잘
떠들다 가는 시간은, 암이 아니라면 다시 누리기 어려울
행복의 시간일 거야.

죽음을 가까이 두고 살게 되니 하루가 더 새롭게 보이지?

아침에 일어나 숨을 쉬는 것, 먹고 마시는 것, 어딘가로
걸어갈 수 있는 힘이 있다는 것, 사랑하는 가족이 곁에 있고
나 또한 가족들 곁에 여전히 존재하는 것, 이 모든 것이 매일
주어지는 선물임을 기억하는 기적을 누리고 있잖아.

고생했어, 내 몸아. 6차례의 세포독성항암과 표적항암치료,
11시간의 긴 수술, 16차례 매일 갔던 방사선 치료를 잘 견뎌낸
걸 축하해. 표적항암치료도 이제 3분의 1이나 왔네.

올해 12월까지 치료 잘 받고, 푹 쉬고, 운동도 열심히 하자.
그리고 내년을 맞이하자. 2026년부터도 치료가 끝났다고
해서 다시 예전처럼 신나게 일만 하지 않기로 약속해.
지금처럼 매일의 기적을 누리며, 내가 할 수 있는 범위를
기억하고 움직이자. 절대로 무리하지 말고 사는 거야.

참, 좋다. 사랑해 내 몸아. 잘 버텨줘서 정말 고마워!

너의 이름을 부를 때,
비로소 나누게 된 아픔의 무게
– 단짝 친구의 암 소식을 들었을 때

가빈의 결

"끊임없이 내 결을 머무는 암(癌)이라는 존재"

나는 유방암 진단을 받은 후부터 암 극복일기를 쓰기 시작했다. 순간순간의 감정과 치료 과정을 잊고 싶지 않아서였다. 암이라는 질병을 맞닥뜨리는 것은 "더 이상 이전의 삶의 방식으로 살아가서는 안 된다"는 경고를 받은 것과 다름없다. 식습관을 포함해서, 생활습관, 사고방식까지 이전의 삶을 답습하는 행위가 다시금 병을 부를 수 있기 때문이다.

유방암은 이제 갑상선암을 제치고 여성 암 1위를 차지할 만큼 흔한 질병이 되었다. 그래서일까. 내 주변 사람들은 내가 겪은 아픔을 공감하는 일이 없기를 바랐지만, 인생은 그리 호락호락하지 않았다.

고등학교 3학년 때부터 지금까지 30년 가까이 함께 방황하고 기뻐하고 힘들어하기도 했던 내 친구 송아. 그녀도 언젠가부터 가슴에 무언가 만져진다고 했다. 겁은 나지만 진료를 받아보겠다고 용기를 내고 있었다. 나는 단순한 혹일 거라고 생각하면서도, 정확하게 검사를 해 보는 것이 좋으니 어서 진료를 받아보라고 권유했다.

그랬던 그녀가 유방암 3기라는 소식에 거센 슬픔이 밀려왔다. 수술 이후, 1년 반이 지나며 이제 조금 암이라는 존재와 멀어지고 싶었다. 지난 시간들을 그저 '삶의 아픈 손가락' 정도로 기억하고 싶었는데, 암은 좀처럼 내 삶에서 떠나질 않는 기분이 들었다.

친구의 지인들은 진단을 받은 내 친구에게 전화를 걸어 많이 울기도 했던 모양이다. 하지만 나는 친구에게 눈물을 보이고 싶지 않았다. 나의 슬픔이 그녀에게 무슨 도움이 되겠는가. 대신 그녀가 마음껏 울 수 있는 어깨와 너른 가슴을 내어주고 싶었다. 앞서 소리 내어 우는 것으로 그녀가 쏟아내야 할 눈물을 가로채고 싶지 않았다. 먼저 아파봤기에, 그 침묵의 무게를 내가 바랐었기에.

내가 그녀보다 슬프면 얼마나 슬프겠나. 내가 그녀보다 아프

면 얼마나 아프겠나. 슬픔과 고통, 그리고 앞으로의 긴 치료
는 오롯이 내 친구 혼자 감당해야 하는 것들인데.

유방암을 겪으며 마음속으로 간절히 소원했던 일이 있다. 내
주변 그 누구도 제발 이런 아픔은 겪지 않게 해 달라고. 나 하
나로 족하다고, 차라리 내가 먼저 겪어 다행이라고 생각했건
만⋯⋯. 그 바람이 이루어지지 않아 참담했다.

친구는 내가 겪은 아픔들을 이제 공감할 수 있어 다행이라며
농담처럼 말했지만, 그 말을 듣는 순간 내 마음은 미어졌다.

"네게 이런 공감은 바란 적 없었는데, 너에게⋯⋯. 우리에게
왜 이런 일이 일어난 걸까?"

며칠을 내가 재진단을 받은 것처럼 다시 슬픔에 빠졌지만, 그
녀에게 "치료를 받고 살아내야 한다"는 힘을 주는 것이 내가
할 수 있는 역할이라 생각하며 정신을 차렸다. 하지만 나는
항암치료를 겪지 않았기에 그녀의 아픔을 100% 이해할 수
없었고, 어떤 부분에서는 경험해 본 사람만이 전할 수 있는
실질적 정보조차 줄 수가 없다는 사실에 한없이 무력감에 빠
져들었다.

직접 겪지 않은 타인의 고통과 아픔은 무뎌지고 잊히는 법이

다. 하지만 치료기간 중 갈수록 심해지는 부작용과 절망스러운 상황들 앞에 매일같이 당황하고 한없이 약해지고 홀로 무너지는 친구의 외로운 시간은, 늘 그림자처럼 나를 따라다녔다.

내 마음은 늘 그녀 곁에 머물러 함께 아파한다.
이 시간이 빨리 지나가기를 그 누구보다 간절히 바란다.
그녀가 살아갈 앞으로의 시간들이 통증과 아픔 속에서
자유롭기를……. 그 어떤 모습이라 해도 괜찮으니,
암을 이겨냈다는 한 가지 사실만으로도 충분히 빛나는
삶임을 알아주기를……. 그저 내 친구로 계속 옆에
있어주기를…….

2024.10.17. 송아 생일 병문안 후

내 친구뿐만 아니라 누군가 나의 기록을 읽고, '암을 만난 인생'이 무조건 겁나고 슬프고 절망스러운 일이 아니라 새로운 삶의 시작일 뿐이라고 느꼈으면 한다. 치료가 끝나면 다시 행복한 일상이 기다리고 있다고 믿으면서, 한 발자국이라도 나아갈 위안을 얻는다면 더없이 행복할 것 같다. 그 진심을 담아 이 글을 쓴다.

내 삶에 에필로그가 있다면, 이렇게 당당하게 남기고 싶다.
"우리 둘 다 암을 겪었지만, 그것은 이제 지나간 과거일 뿐.
우리는 건강하게 잘 살고 있습니다! 여러분의 힘들고 외로운
시간들이 지나간 뒤에도, 반드시 따뜻한 햇살 같은 날들이 찾
아올 겁니다. 꼭 올 거야, 라온하제!"

송아의 결

"너의 소식을 처음 듣던 날"

(2025년 6월 15일)

고등학교 2학년 겨울이었다. 복도에서 아이들이 웅성대고 있
었다.
"야! 옆 반 부반장이 대성통곡하고 있어!"
창문에 붙어 교실을 바라보니 창가에 한 친구가 엎드려 엉엉
울고 있었다. 1995년 겨울, 좋아하던 남성 힙합 듀오 가수의
죽음 소식에 목 놓아 울고 있던 옆 반 부반장. 그게 가빈을 처
음 알게 된 순간이었다.

방학이 지나고 고등학교 3학년이 되었다. '미친개'라는 별명

으로 불렸던 고1 때 담임 선생님을 다시 만나게 되어 절망스럽던 고3 첫날. 어떤 아이들이 한 반이 되었나 궁금해서 둘러보던 중 하얗고 동그란 얼굴을 한 가빈이 보였다. 울고 있던 날 등 한 번 쓸어주지 못한 것이 왠지 미안한 마음으로 남았던 옆 반 부반장.

어떻게 친해졌는지는 기억나지 않지만, 우리는 고3 내내 어디든 붙어 다녔다. 무슨 할 말이 그렇게 많았는지 수업 시간에는 선생님의 눈을 피해 쪽지에 이런 저런 이야기들을 빼곡히 채워 나눴고, 학교를 마친 뒤엔 구반포 맥도날드 2층 창가에 앉아 프렌치프라이 라지 사이즈 두 개를 펼쳐놓고 저물 때까지 이야기를 나눴다. 서로를 집에 데려다주겠다며 구반포와 카페골목을 몇 번이나 오가다가 겨우 헤어지던 우리. 좋아하는 남자 친구 이야기부터 앞날에 대한 고민, 부모님과 동생들 이야기까지. 불안하고 빛나던 우리의 수많은 이야기는 내가 유학을 떠나며 잠시 멈추었다.

인터넷도 아직 없던 시절이었다. 국제전화는 너무 비쌌고 서로 바빠진 탓에 간간이 오가던 편지도 점차 뜸해졌다. 방학에 한국에 오면 그날로 가장 먼저 달려가 만나곤 했지만, 물리적 거리가 멀어지다 보니 시시콜콜한 일상까지는 공유하기가 점차 어려워졌다.

내가 유학을 갑자기 중단하고 들어왔을 때 가빈은 이미 일을
하고 있었다. 학교 두 군데를 다니며 7년 동안 유학 생활을
했지만, 몸이 아파 졸업을 못하고 돌아온 나는 당시 스물일곱
이었고 최종학력은 고졸이었다. 귀국 후 1년이 지나 결혼을
했고, 전공을 바꾸어 다시 대학에 들어가며 이전과는 다른 삶
을 살게 되었다. 이후 몇 가지 사건을 겪으며 우리는 조금 더
멀어졌다. 마음은 늘 그리웠지만 선뜻 연락을 할 수가 없었
다.

아빠의 큰 수술을 계기로 겨우 용기를 내어 연락했다. 관상동
맥 세 개가 모두 막혀 응급 수술을 한 후 중환자실로 가신 아
빠를 보며 가장 먼저 떠오른 친구가 가빈이었다. 서로 좋아하
는 사이가 아니냐는, 말도 안 되는 오해를 받을 만큼 어딜 가
도 붙어 다니던 우리. 함께 쌓은 시간의 결들이 그리웠고, 내
친구라면 아무 말하지 않아도 위로가 될 것 같았다.

다행히 우리는 다시 만났고, 서로 많이 다른 삶을 살고 있었
음에도 새로운 추억을 쌓아갔다. 부당한 일을 당하면 함께 나
눴고, 어려움이 오면 울음을 보탰다. 서로의 성취에는 아낌없
이 박수를 보냈고, 함께 회사를 꾸리기도 했다.

엉엉 울던 내 친구가 좋아하던 그룹의 콜라보 신발이 나온다

는 기사를 본 날, 반갑고 그리운 마음에 카톡을 보냈다.

"OO 신발이 나오네…… 보고 생각나서."

메시지를 읽은 지 오래인데 답이 오지 않아 걱정이 되었다. 사실 그전 날에도 생각이 나서 연락을 했지만 답이 없었던 터였다. 한참 뒤 가빈에게서 답이 왔다.

"송아야, 내게 좀 일이 있어……. 그래서 네가 내 생각이 나는가 보다."

"아이고! 왜, 왜! 자꾸 며칠 생각이 더 나더라고!"

"몸이 아픈 것 같아. 그래서 엊그제 조직검사 하고 왔어."

심장이 떨어지면 이런 느낌일까. 조직검사라니. 암이라니. 드문드문 이어지는 답장을 기다리느라 피가 마르는 느낌이었다. 후에 내가 암이라는 사실을 들었을 때보다, 가빈이 암으로 확진되었다는 소식을 들었을 때가 더 충격적이었다.

수술 당일에도 연락을 기다리는 동안 입이 마르고 아무것도 손에 잡히지를 않았다. 가슴 한쪽을 누가 뜯어간 것 같이 아프다고 할 때, 보호자 없이 혼자 병실에 있다고 할 때, 필 전체에 멍든 사진을 볼 때마다 곁에 있어 주지 못해 괴로웠다. 내가 경험해보지 못한 통증과 감정을 지나고 있을 가빈에게 무슨 말을 해주어야 할지 알 수가 없었다. 아무리 마음을 다해 위로를 전한들 같은 경험을 하지 못한 내 이야기들은 공허한 울림에 지나지 않을 것이다.

그래서 내가 암 진단을 받았던 날, 한편으로는 감사한 마음이 들었다. 이제야 내 친구의 마음을 조금 더 이해할 수 있게 된 것이니까. 비로소 진심을 담아 친구의 등을 쓸어줄 수 있는 자격이 생겼으니까.

다시금 함께 걷고 싶은 계절

- 완치 후 우리가 보낼 시간을 그리며

가빈의 결

"사랑스럽고 애틋한 우리의 관계"

그녀는 고등학교 2학년 때 나를 처음 알게 되었다고 했다.

나는 힙합 그룹 '듀스'의 김성재를 참 좋아했다. 내가 등교를 하면 반 친구들이 그와 관련된 수많은 기사들을 오려 책상 위에 올려놔주곤 했을 정도였다.

그런데 그가 솔로 컴백무대를 마친 어느 날 돌연 세상을 떠났다. 청천벽력 같은 '우리 오빠' 소식에 나는 망연자실했다. 우리 반에서 자칭타칭 '김성재 와이프'로 통했던 나였다.

내 자리 옆 벽면에 그의 브로마이드를 붙여두고 한동안 애도의 시간을 가졌던 것으로 기억한다. 아마도 그녀는 그때, 나에 관한 소식을 처음 접했나 보다.

우리는 고등학교 3학년이 되어서야 비로소 단짝 친구가 되었다. 누가 먼저랄 것도 없이 자연스레 친구가 되었고, 그 시기 소녀들처럼 수많은 일상을 공유하며 서로에게 비밀을 털어놓았다. 학교에서는 포스트잇에 깨알 같은 글씨로 쪽지를 주고받고, 방과 후에는 학교 앞 맥도날드 2층 구석(우리만의 지정석)에서 프렌치프라이 라지 사이즈 두 개를 펼쳐놓은 채 핫초코를 마시며 참 많은 이야기를 나누곤 했다.

예체능 입시를 준비하던 그녀는 함께 야자(야간자율학습)를 하지 않았기에 우리가 함께 하교를 할 수 있는 날은 정해져 있었다. 일주일에 몇 번 되지 않는 그 시간들이 어찌나 소중했던지. 마치 방금 사귀기 시작한 연인이 헤어짐을 아쉬워하듯, 서로 집 앞까지 데려다주겠다며 구반포에서 방배동 카페 골목으로 이어지는 길을 수차례 왔다 갔다 했다.

그 길은 그렇게 내 인생에서 가장 소중한 '마음속 고향의 길'이 되었다. 졸업 후 나는 재수의 길을, 그녀는 갑작스러운 유학의 길을 떠나게 되었다. 그때 겪어야 했던 생이별을 떠올리면 여전히 마음 한 구석이 아련하다.

유학 중이던 그녀가 방학을 맞아 한국에 들어올 때도, 우린 역시 구반포 그 길목을 누비며 울고 웃으며 방황하는 시간들을 함께 보냈다.

함께 한 시간 속에 서로가 부재했던 공백기도 있었지만, 내게 먼저 손을 내밀어 용기를 내준 그녀 덕분에 우리는 이렇게 다시 일상을 공유하는 절친한 사이로 남게 되었다.

우정의 길에서 서로를 놓쳤던 구멍 난 시간들이 얼마나 힘들었는지 잘 알기에, 존재만으로도 더없이 소중한 내 친구. 더욱 조심스러워지는 한편, 그녀와 앞으로 나아갈 길이 기대가 된다. 우리에게 왜 '유방암'이라는 똑같은 질병이 찾아왔는지. 살아가면서 곱씹고 울고 웃을 또 하나의 이야깃거리가 늘어난 상황이 어이가 없으면서도, 질병의 아픔까지 깊이 공감할 수 있게 된 그녀와의 관계가 새삼 사랑스럽고 애틋하다.

우리의 생일이 나란히 있는 가을이 오면, 둘이서 손잡고 다시 방배동 카페골목부터 구반포를 지나 한강공원까지 산책을 가야겠다. 우리에겐 '학교 앞 떡볶이'의 추억을 안겨 주었지만, 지금은 너무 유명해져 조금 낯설어진 애플하우스에서 함께 떡볶이를 먹고 출발해도 좋겠다.

"다시 함께 걷고 싶은 계절"

(2025년 6월 21일)

어디든 붙어 다니던 우리는 나의 유학 초반 시절 유럽의 길들을 함께 걸었다. 잠시 방학을 맞아 한국에 들어갔다가 다시 독일행 비행기를 타던 날, 우리는 색상만 다를 뿐 같은 브랜드에서 산 같은 디자인의 옷을 입고 있었다.

독일의 중세 마을 밀텐베르크, 나무다리가 인상적이었던 스위스의 사랑스러운 도시 루체른, 뜨거웠던 태양 아래 이태리 로마, 나의 고향 빈.

네가 더 좋은 침대에서 자라고, 네가 더 맛있는 걸 많이 먹으라고, 네가 더 보고 싶은 걸 보자고 우리는 자주 다투었다. 지나친 배려에 오히려 마음이 조금씩 토라지곤 했던 건, 우리가 순수했고 아직 어렸기 때문이겠지.

우리 둘 다 완치된다면, 아니 완치 판정을 받기 전에라도 우리의 체력만 허락한다면 다시 유럽의 그 거리들을 걷고 싶다. 밀텐베르크 우물가 앞에서 사진을 찍고, 사랑스러운 소품이 가득한 길거리 상점에서 선물을 몇 개 고르고, 노천 식당에서 치즈와 햄을 끼운 샌드위치를 먹고 싶다. 루체른에 다시 가서, 에메랄드빛 호수 위로 햇살이 쏟아지던 그 배를 다시 탈 수 있다면 얼마나 좋을까. 빨갛고 귀여운 기차를 타고 리기산에도 올라야지. 이번에는 두꺼운 옷을 가져가는 걸 잊지 말아야겠다. 만년설 위에서 반팔을 입고 덜덜 떨던 그때의 실수를 반복할 수는 없는 노릇이니까. 이번에는 멀찍이서 바라보기만 했던, 재즈가 흐르던 카페에도 들어가야겠다. 배낭여행객이던 학생 때보다는 우리의 여행 경비가 조금 더 넉넉해졌을 테니까. 로마에 가면 중앙역 떼르미니 안에 있던 피자가게에도 한 번 더 가고 싶다. 넓적한 피자에 치즈랑 살라미만 있어도 정말 맛이 있었지.

38도가 넘는 불볕더위에 슬리퍼를 신고 아픈 다리를 끌며 걷던 네게, 이번에는 푹신한 운동화부터 먼저 사줘야겠다. 반나절쯤은 서로 가보고 싶은 곳에 각자 가보는 것도 좋을 것 같다. 함께 하는 여행이라도 보고 싶은 게 다르다면 잠시 각자의 시간을 가져보는 것도 좋을 테니. 트레비 분수 앞 골목에 있던 젤라토 집이 아직 있다면 스트라치아텔라 아이스크림을 함께 먹고 싶다.

돈을 아끼겠다고 맥도날드 세트 메뉴 하나를 둘이 나눠 먹던 아침. 이번에는 서로 더 먹으라고 실랑이하지 말고, 각자 먹고 싶은 걸 마음껏 먹을 수 있기를. 빈에 가면 자허 토르테 집에 갔으면 좋겠다. 20년 전 그때엔 너무 비싸서 차마 들어갈 수 없었던 곳. 디카페인 커피를 한 잔씩 시켜서, 진한 초콜릿 케이크를 한 입씩만이라도 음미해 볼 수 있기를.

유럽에서 따사로운 햇빛을 만나려면 계절은 초여름이 좋겠다. 이태리에서는 조금 더울 수 있겠지만 땀 흘리며 걷는 것조차 우리에겐 추억이 되겠지. 밤기차에서 받은 빵에 잼을 발라 나눠먹던 그 사소한 순간조차 지금은 너무나 그립다.

어쩌면 우리는 서로를 잘 몰랐던 걸지도 모른다. 너무 배려하느라 오히려 서로를 힘들게 했던 걸 보면. 차라리 조금씩 이기적이었다면 우리의 유럽여행이 조금 더 웃음 가득한 시간이 되었을지도 모르겠다. 다시 그때의 길을 따라 함께 여행하고 싶다. 이번에는 하고 싶은 것, 먹고 싶은 것, 가고 싶은 곳을 솔직하게 이야기하면서 서로를 조금 덜 배려해 보면 어떨까. 우리 둘 다 많이 아파보았고, 하루의 소중함을 알게 되었고, 무엇이든 당연한 건 없다는 걸 알게 되었으니 이제는 기꺼이 '덜 배려하는' 마음을 가져볼 수 있지 않을까.

글을 쓰는 내내 리기봉으로 향하는 배 위에서 함께 보았던

파란 하늘과 쏟아지던 햇살이 떠오른다. 루체른의 저녁, 선선
한 바람이 볼에 스치는 동안 들려오던 근사한 재즈도.

언젠가 꼭 다시 걷고 싶은,
초여름의 유럽이 사무치게 그립다.

잃은 뒤에 얻은, '오늘'이라는 이름의 선물
- 아침에 눈을 뜨면 가장 먼저 드는 생각

가빈의 결

"한쪽 가슴(breast)을 보내고, 더 큰 가슴(heart)을 얻다"

새벽 5시.

잠들면 누가 업어가도 모를 만큼 통잠을 자는 것은, 내게 여전히 어려운 숙제 같은 수면 패턴이다.

창밖을 열어보니, 아침 해의 붉은 기운과 길게 놓인 구름들이 뒤엉켜 참 예쁘기도 한 아침 하늘이다. 하늘은 예전에도 예뻤고, 계절의 바뀜은 아쉬움과 함께 다행인 적도 많았으며, 봄날의 꽃들은 그 고운 자태를 해마다 뽐냈을 것인데. 왜 이제야 그 아름다움들을 남김없이 담고 싶고, 바라보고 있자면 눈물이 날까.

(누군가는 갱년기라고, 이제 중년이 된 증거라며, 예전엔 내가 젊고 예뻐서 그런 것을 눈여겨보지 않았던 거라고도 했다.)

암을 만나기 전 나는, 내가 이미 가진 것들이 얼마나 많은지 잘 몰랐다. 무사히 지나가는 하루하루가 얼마나 행복한 삶인지도 느끼지 못했던 것 같다. 남과 비교하며 늘 부족하다 여겼고, 누가 정해놓은 것인지도 모르는 기준에 맞춰야만 한다는 강박에 휩싸여 스스로를 괴롭고 외롭고 비참하게 만들곤 했다.

왜 사람은 극한 상황에 처해야만 삶을 돌아보게 되는 것일까. 그런 상황이 오기 전에 깨달을 수 있다면 참 좋을 텐데, 쉽지 않은 일이다. 사람은 무언가를 잃어야 비로소 얼마나 많은 것들을 가지고 있었는지 뒤늦게 깨닫게 된다…….

내가 가장 절망하던 시기에 나를 치유하고 보듬어 준 사람들은 따로 있었다.

내가 암이라는 얘길 듣고 많이 힘들어했던, 전화기 너머로 들려오던 그녀의 우는 소리에

"이런 소식 전해서 너무 미안해……."라고 말할 수밖에 없었던 중학교 때부터 가장 오래된 친구 SJ. 성지순례를 다녀와 '아픔을 낫게 해준다는 성수'를 직접 생수 통에 담아 와 주기까지 한 고맙고 소중한 친구.

6살의 나이 차이를 극복하고 기꺼이 내 친구가 되어 준 'Carina'의 쏘, 제나. 한때는 결혼, 출산, 육아로 인생의 주기들이 어긋나던 시기를 지나, 이제는 서로의 작은 아픔까지 공감하고 이해하려 한다. MBTI의 S와 J로만 뭉쳐진 계획적이고 현실적인 우리들. 이제는 친동생만큼이나 나를 챙기고 생각해 주는 고마운 동생들.

좋은 인연을 만나게 될 거라고는 생각도 못 했던 내 삶의 새로운 선물, '여친남친' 멤버들. 약속장소로 가기 전 늘 마중 나와 주고, 수술한 가슴 쪽 팔이 다칠까 봐 늘 살펴주고 보호해 주는 사람들. 내 삶의 가장 힘든 시기에 내게 살아갈 의지와 동기를 부여해 준 고마운 친구들.

암 진단 순간부터 나의 멘탈을 아로마테라피로 보듬어준 동네친구 @scent._.smile. 그녀가 나의 이야기에 함께 눈물 흘려주고, 환하게 웃으며 위로해준 덕분에 나의 회복이 앞당겨졌음을…….

우리 가족의 가장 어려운 시기들을 함께 해 준 'JS피아' 고모, 고모부.

말로는 다 설명할 수 없는 우리 가족. 엄마, 아빠, 내 동생.

그리고 시기는 다르지만 같은 암을 진단받고, 각자의 힘든 상황을 꿋꿋이 견뎌낸, 그래서 함께 더 깊은 마음을 나눌 수 있게 된 내 친구 송아에게.

감사의 인사를 전하고 싶다.

삶에서 상처를 주고 간 사람들은 따로 있고, 어쩌면 그들이 남긴 생채기가 암이 된 것은 아닐까 원망하던 날들도 있었다. 받은 상처는 상처를 준 사람들에게서 보상받고 싶었지만, 인간관계에서는 그런 산술적인 주고받음이 불가능하다는 것을 깨달았다.

한때는 영원할 것 같던 관계도 변하고 또 변하는 것처럼, 내 몸 역시 암이라는 커다란 풍파를 만나 본래의 모습을 잃고 차가운 가슴(breast)이 되었다. 하지만, 따뜻한 삶의 온기를 품은 더 큰 가슴(heart)을 비로소 갖게 되었으니. 이것은 결코 손해 본 일만은 아닌 것이다.

"암이 내게 선물한 것들"

(2025년 7월 15일)

암 진단 후 많은 것이 바뀌었지만, 그중 가장 많이 변한 건 아침에 일어날 때 가장 먼저 하는 생각이다.

예전엔 알람을 끄고 또 미루며, '일어나야 하는데 도저히 일어날 수가 없네. 5분만 더…….'라는 생각을 자주 했다. 알람을 여러 개 맞춰두고 더 이상 버틸 수 없을 때 일어나는 아침. 그리고 바삐 가족의 아침을 준비하며 그날 하루에 있을 일정을 머릿속으로 훑었다. 운전해서 가야 할 동선도 체크했다. 올림픽대로와 강변북로, 6번 국도가 집 앞 골목처럼 느껴지는 일상이었다.

요즘에는 일어나면 '살아있구나!'를 가장 먼저 생각한다. 어젯밤 숨이 멎었을 수도 있는 삶. 새로이 맞이하는 아침에 그저 감사할 뿐이다. 내게 새로운 하루가 주어진 것은, 책임이 동반된 삶이 선물처럼 찾아온 것임을 오늘 다시금 깨닫는다.

별다른 일이 없다면 아침을 챙겨 먹고, 아이의 등교를 도운 뒤 성경을 읽는다. 죽음을 곁에 두며 살다 보니 성경 구절에 조금 더 가까이 닿는 느낌이다. 당대 의인으로 인정받은 욥에게 닥친 말도 안 되는 고난이 왜 그에게 축복이었는지를, 왜 그 상황들이 그가 믿었던 신의 배신이 아닌 사랑이었는지를 이제야 피부로 느낀다.

아침에 등교하는 아이의 등을 보며 하는 생각은 '참 예쁘다, 사랑스럽다, 우리 아들'이다. 살아 있어줘서, 곁에 있어줘서 고마운 우리 아이들. 생각에만 머무르지 말고 말로도 자주 지금의 감정과 느낌을 표현하려 한다. 서로가 이 세상에서 사라지면 결코 나눌 수 없을 시간들이기에. 얼마 전 둘째의 에세이 노트(학교 숙제)를 보던 중, '나는 우리 엄마가 제일 좋다. 엄마는 나를 보며 늘 웃어주신다. 사랑한다고도 자주 말씀해주신다. 그래서 좋다.'라는 글을 읽었다. 아이도 나의 진심을 온전히 느끼고 있다는 것이 놀랍고 뭉클했다.

남편을 보면서도 '듬직하고 멋진 우리 남편'이라는 생각을 한다. 사실 아프기 전에는 불만도 많이 가졌다. 조금만 더 이랬더라면, 저랬더라면…… 하는 아쉬운 마음들. 하지만 함께 이 시기를 지나며 고생하는 남편의 등을 보면 짠하고 고마운 마음이 앞선다. 듬직하게 곁을 지켜주고, 아이들을 사랑으로 보듬는 남편이 멋지다.

참으로 못마땅했던 나의 몸과, 마음에 들지 않던 얼굴도 이제는 좋다. 살아있어서 마주할 수 있는 나. 나를 보며 부족한 부분만 들추던 지난날을 떠나보내고, 이제는 '이 정도면 너무 멋져, 잘하고 있어, 훌륭해!'라고 속으로 말해준다.

그러고 보면 내게 찾아온 아픔은 정말로 큰 선물이다. 마음이 몸을 지배하기 마련이고, 무엇보다 제일 힘든 것이 마음을 바꾸는 일 아니던가.

참으로 감사한 시간을 지나고 있다.
꾹꾹 눌러가며 살고 싶다. 이 귀한 시간들을.

에필로그 Epilogue

삶; 사는 일, 살아 있는 현상, 생(生)

우리의 삶은 죽음을 향해 매일매일 한 걸음씩 나아가고 있다.
죽음이라는 것에 대해 우리는 늘 생각하며 살고 있는 것처럼
보이지만, 망각해야 살아갈 수 있다는 이유로 잊고 지내는 편
이 맞을지도 모르겠다.

언젠가는 다가올 일이라고 말하면서도, 아직 나와는 아주 먼
일, 누군가에게는 아프고 슬픈 일이지만 나와는 상관없는 일
이라 여기며,
'설마 내게? 우리 가족에게? 내 친구에게? 그런 일이?'라는
식으로 생각하고 있을 것이다.

나 또한 그랬기에.

내 삶에 남은 시간이 정말 얼마 없을지도 모른다고 생각하니,
모든 것은 참으로 간단명료해 보였다. 지금의 나를 아프게 하

지 않는 하루하루를 살아가는 것, 그 하루를 차곡차곡 쌓아가는 것이었다. 그에 비해 지난 시간들 속에서 아파하고 고민하며 에너지를 쏟았던 것들 중에는 참으로 의미 없는 것들이 많았다는 사실을 깨닫게 되었다.

세상의 모든 일이 내가 원하는 방향으로만 흘러가지는 않음을 알게 되었고, 내가 사랑하고 아끼는 만큼 상대방도 나를 같은 질량과 부피로 사랑하는 것은 아니라는 점도 깨달았다. 이 세상에서 내가 컨트롤할 수 있는 일은 거의 없다는 생각이 들었다. 그저 컨트롤할 수 있는 것은 나 자신 정도일 뿐. 물론 그것 또한 쉽지는 않다.

우리는 성인이 되어 부모의 손을 떠나 홀로서기를 시작하며, 이 세상의 모든 것들을 컨트롤하고 싶어 했는지 모른다. 그래서 뜻대로 되지 않는 삶을 때론 먹먹한 가슴으로, 때론 지끈거리는 두통으로, 혹은 비어 가는 술잔으로 대신해 왔을지도 모르겠다. 그러는 사이, 내 몸도 병들어 가고 있다는 사실을 모르고 말이다.

나는 여행을 좋아했고, 지금도 좋아한다. 그래서인지 해외여행도 참 많이 다녔다.
첫 해외여행을 너무도 계획 없이 떠난 탓이었는지, 그 이후로는 여행 계획을 지나치게 철저하고 세밀하게 준비하곤 했다. 그러다 보니 정작 목적지에 도착했을 땐 아무런 감흥이 없었다. 이미 수많은 검색으로 익숙해진 풍경 속에 내가 들어간들, 합성한 사진과 무엇이 다를까 싶어 도착과 동시에 피로감을 느끼기도 했다.

목표에만 치중한 나머지 과정을 보지 못한 탓이었다. 인생이라는 우리의 긴 여정 속에서도 목표만을 향해 달려간다면 결코 삶의 희로애락을 온전히 느낄 수 없을 것이다.

행복하고 즐거운 일은 너무나 소소하고, 슬프고 가슴 아픈 일은 빈번하며, 고통은 딱 죽지 않을 정도로 주어지는 것이 인생일지 모르겠다. 그러니 평범한 일상의 소중한 일들과 사랑하는 이들과의 시간을 놓치지 말기를 바란다.

나 또한 그렇게 살아갈 수 있기를.

바란다.

2026년 2월
박가빈

감사의 글 Thanks to

세상 모든 책이 그러하듯「말로는 다 할 수 없어서」역시 수많은 분들의 관심과 사랑과 후원 덕분에 탄생할 수 있었습니다. 이 책을 만들기로 결심했던 어느 날, '이 책이 지난한 과정을 이겨내고 과연 제대로 된 책의 형태로 탄생할 수 있을까'라는 의심도 했거든요. 그런데 이렇게 많은 분들의 사랑으로 책이 탄생하고 나면, '아, 첫 결심의 순간에는 보이지 않던 저 먼 곳 아득한 존재들의 사랑이, 완주하는 그 순간까지 격려를 보내주고 있었구나' 싶습니다. 그래서, 다시 한번 감사하다는 말씀을 드립니다.

이 커다란 사랑에 보답할 수 있는 길은, 책을 통해 파생될 수 있는 살아있는 이야기들을 부지런히 유통하는 것이라고 생각합니다. 출판사와 저자 모두, 출간에 만족하는 것이 아니라 이 책을 통해 펼쳐질 수 있는 그 어떤 가능성을 향해 함께 뚜벅뚜벅 걸어가겠습니다.

다시 한번 머리 숙여 감사드립니다.

박가빈, 박송아, 훈훈출판 드림

말로는 다 할 수 없어서

한 쪽 가슴breast을 보내고 더 큰 가슴heart을 얻은
두 친구의 유방암 이야기

초판 1쇄   2026년 2월 28일 펴냄

지은이   박가빈, 박송아

책임편집   이지은

일러스트   강지민
instagram @thetinyseed

북디자인   D_CLAY(디클레이)
instagram @dclay_design

인쇄   홍성문화사

펴낸곳   도서출판 훈훈
경기도 고양시 덕양구 소원로 267
instagram @hunhun_warmspace

ISBN   979-11-990983-6-7 (03180)